新しいスタイルのペーパークラフト

# 立体切紙 キリッタイ《kirittai》

切って
折るだけ、
一枚の紙から生まれる
キリッタイ
ワールド

大東 守
Mamoru Ohigashi

日貿出版社

# はじめに

## ようこそ、キリッタイワールドへ！

立体切紙・キリッタイ［Kirittai］は私が生み出した新しいスタイルのペーパークラフトです。

作り方は簡単。二つ折りにした一枚の紙を左右対称の形に切り抜いて折り込むだけ。糊《のり》も使わず、紙の風合いを活かして色も塗りません。文字通りたった一枚の紙。それなのに切り出されたキリッタイは、作り手の工夫と気持ち次第で、可愛く微笑んでくれたり、荒々しく猛り狂ったりと様々な表情を見せてくれます。

キリッタイは折り紙や一般的なペーパークラフトとは違い、完成した後からポーズを自由に変えることが出来るので、作り手の想像力次第で様々な場面や物語を作り出せます。そのために必要なのは、ハサミで紙を切る勇気とイマジネーションだけ。それさえあれば、すぐに始められます。

本書では出来るだけ多くの皆さんにキリッタイを体験して頂けるように、動物、恐竜、昆虫のそれぞれに、簡単なものから難しいものまで 15 種、19 キットをご紹介しています。

まずはカラーグラビアでキリッタイワールドをたっぷり楽しんで頂き、その後で、説明を読みながらキットに挑戦してみてください。

完成されたキリッタイを色々な角度から眺めて、実際に動かしてみると、小さな折り込みの一つ一つが揺れ動き、紙の奥に秘められた彼らの動きが感じられてくるはずです。

さあ創造してください、貴方だけのキリッタイの世界を！

2014 年 盛夏

創作立体切紙「キリッタイ」作家 大東 守

**新しいスタイルのペーパークラフト**

# 立体切紙 キリッタイ［Kirittai］ 目次

**切って折るだけ、一枚の紙から生まれるキリッタイワールド**

※収録キットの順番は用紙の都合上、キットナンバー・紹介順とは違っています。

# キリッタイをはじめたきっかけ

私がキリッタイを始めたきっかけは、今から７年前、親戚の５歳になる子供がテレビ番組のキャラクターをお面にして欲しいと言ってきたことに始まります。最初はお面が出来て喜んでいたのですが、そのうちに「ゾウさんを切って」、「恐竜を切って」と言ってきました。そのとき、私は何の気なしに四角い紙を二つに折り、ゾウや恐竜を切っていました。そして切り出した紙を立体に折り、ゾウを４本の足で立つように、恐竜は２本の足で立つようにしていました。

何故そんなことをしたのかは、今でも分かりません。ただそれ以来、元々立体造形が好きだった私は、その“立体切紙”を続けました。

始めて三ヶ月ほどが過ぎた頃、「OSAKA 手作りフェア」に出展していたハサミメーカのブースで、とても良いハサミに出会いました。そこで何の気なしに切った昆虫や動物に、社員の方が興味をもたれ試供品のハサミを提供してくださいました。そこから作品のレベルが、自分でも信じられないくらいに上がって来ました。以来、常にこのハサミを携帯して立体の切紙を楽しむようになりました。それこそ、通勤の電車や食事に入ったたこ焼屋さんと、どこででも切紙をしては興味をもたれた方に作品を差し上げていました。当時私は水道局に勤めていたので、イベントで保育園や幼稚園に伺い、着ぐるみを着て活動をしていました。そんな時は1時間程早く現場に行き、イベント前に園児さんや保育士の皆さんに自分の立体切紙を見せて喜ばれていました。

その後、体調を崩して早期退職をすることになった時、「これからの人生、好きな物作りで仕事がしたい」と、妻と共に自宅に作品を販売するショップをオープンしました。

当初はなかなかお客様が来られないこともあり、各地で行なわれていた手作りのイベントに出向いているうちに、私の作った立体切紙の作品に、お金を出して買ってくださる方がいらっしゃることにとても感激し、いよいよ本格的に切紙の道に入りました。

ただ、何処に出ても「切り絵」と言われる事に違和感を覚えていました。

一般に切り紙と言えば平面のもので、私の作る立体的な作品とは全く違うものだからです。そんな折り、京都上《かみ》賀《が》茂《も》神社のイベントにいらっしゃったお客様が言われた「立体の切紙やからキリッタイ（Kirittai）はどう?」という言葉を頂き、「これだ！」と思い、自分の作品を立体切紙「キリッタイ」と命名し、現在は登録商標として特許庁に登録も済ませています。

こうして名前が決まるとともに、実際にお客様からお金を戴くようになり、プロとしての心構えがキリッタイのクオリティをさらに上げ、次第にテレビや新聞・雑誌などのマスコミでもご紹介頂けるようになり、新しいアートとして本格的に歩き始めることが出来ました。

現在ではテレビ放送を見た全国各地の子供達から「キリッタイを始めました！」というお便りや、実際にお店やイベント会場に会いに来てくれる方もあり、いらっしゃる皆さんからそれぞれのキリッタイの楽しみ方や見方や感想を伺い、改めて一枚の紙に秘められた力を実感しております。そのなかでも特に印象に残っているのは、「キリッタイをしていると癒やされます」という言葉です。私自身、長く務めた勤めを辞め、少し心が疲れていたときに、キリッタイを無心で折るうちに心が安まり、キリッタイにある「癒やし」の力に助けられていたからです。

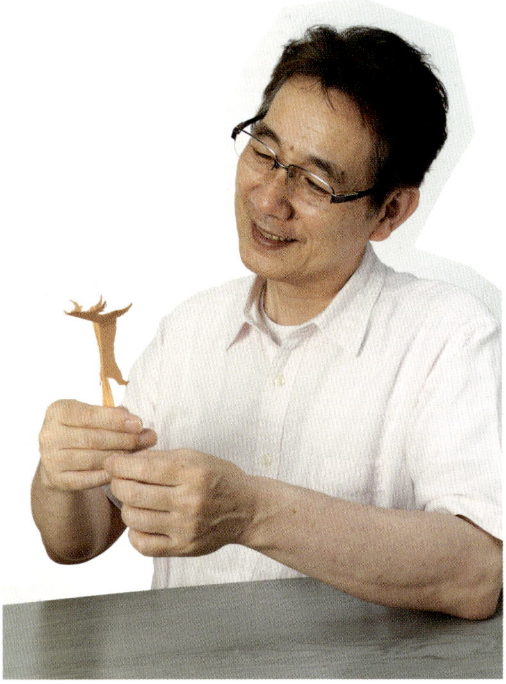

まだまだ始まったばかりの私のキリッタイですが、これからどう進化を続けてゆくのか、正直私自身にも分かりません。今言える事は、キリッタイを心待ちにしてくださる皆様と、私の良きアドバイザーである手づくり作家の皆様のお力を戴いて、世界に発信できる“Kirittai”にしていきたいと強く思っております。

まだまだ日本では「切り絵」と言われることの多いキリッタイが、ひとつのアートジャンルとして、広く世界に認識していただける日が来ることを目指して、私達は活動の歩みを進めていこうと思います。

大東 守　Mamoru Ohigashi
大東 さえ子　Saeko Ohigashi

# part 1
# ようこそ<br>キリッタイの<br>世界へ！

## キリッタイワールドへ<br>ようこそ！

まずはこの本に収録されている
キットを使った3つの
ジオラマからご覧ください。

※ジオラマに使っているキットは
収録されているものと同じですが、
サイズは各グラビア毎に、
スケールを揃えています。

収録キットを使ったジオラマ Ⅰ

*African Savannah*

# サバンナ

水辺に集まる動物たちのドラマを
キリッタイしました。

水辺を目指し飛んできた
フラミンゴ。サバンナの
風景が見渡せる。

象の親子も
水浴びをし
にやってきた。

一足先にオアシスを
楽しむフラミンゴ達。

※フラミンゴはキットには入っていません。

キリンの親子が
仲良く葉っぱを
食べている。

象の親子に続きオアシスを目指すガゼル達。おや、足をケガしたのか、奥の一頭が遅れているようだ。

遅れたガゼルを藪から狙うライオン達。オアシスを中心に、サバンナを生きる動物達のドラマがある。

※ライオンの雌はキットには入っていません。

キットナンバー
02

# 象《ぞう》 *Elephant*

**難しさ** ★★☆

大きな体を揺らしてサバンナを歩く象。
顔のちょっとしたふくらみで目を表現しています。長い鼻は切り込みを入れてから重ね折りで自由に動かすことが出来ます。**（詳しい説明は66ページ）**

※キットナンバー01　ダックスフントは52ページで紹介しています。

キット
ナンバー
03

# キリン *Giraffe*

**難しさ** ★☆☆

長い首で動物園の人気者のキリン。首が特徴なのはもちろんですが、長いまつ毛もポイントです。キリッタイではまつ毛やまぶたを使って色々な表情を作ります。

**（詳しい説明は68ページ）**

**キット
ナンバー
04**

# ライオン *Lion*

**難しさ** ★★☆

“百獣の王”ライオン。

特徴はやっぱりたてがみです。ハサミの根元の方を使って顔の中心に向かって切るのがコツです。長い尻尾で表情を作りましょう。**(詳しい説明は70ページ)**

キット
ナンバー
05

# ガゼル *Gazella*

**難しさ** ★☆☆

サバンナきってのランナー、ガゼル。ここでは2種類登場していますが、角の折り方が違うだけで、どちらも同じキットです。最初は真っ直ぐに折って、慣れてきたら重ね折りにトライしてください。**（詳しい説明は72ページ）**

収録キットを使ったジオラマ Ⅱ

*Lost world*

# ロストワールド

遙か昔、この星を支配していた恐竜達の世界を
再現してみました。

大空を羽ばたく翼竜・
ケツァルコアトルス。

茂みに隠れる、
草食恐竜のト
リケラトプス。

大型の首長竜
を仕留めたラプ
トル達。

獲物を横取りに来たティラノサウルスと負けじと挑みかかるラプトル。戦いの行方は？

自慢の長い首で高い木の葉を食べる首長竜達。

キット
ナンバー
**06**

# 首長竜《くびながりゅう》

## *Plesiosaur*

**難しさ** ★☆☆

長い首と尾っぽの首長竜。作る際のポイントは根気よく、丁寧に重ね折りを行うことです。体や足の丸みを上手につけると重量感が増します。**(詳しい説明は74ページ)**

キット
ナンバー
07

# ティラノサウルス

## *Tyrannosaurus (T.Rex)*

**難しさ** ★★☆

“暴君王”とも呼ばれる肉食恐竜ですので、迫力のある顔を作るのが大事です。まぶたや歯、口などを丁寧に折ることで迫力が増します。足先を正面に向けるところに二本足で立たせるポイントがあります。**（詳しい説明は76ページ）**

**キット ナンバー 08**

# ラプトル *Raptor*

**難しさ** ★★☆

“猛禽”“略奪者”という意味の名前を持つ小型恐竜です。折り方はティラノサウルスと同じですが、小さいので折るのが大変です。それだけに出来上がると表情豊かで色々なドラマが作れます。**(詳しい説明は78ページ)**

キットナンバー
**09**

# トリケラトプス

***Triceratops***

**難しさ** ★★★

大きな襟巻きと三つの角が特徴的な草食恐竜です。頭の角度を考えながら丁寧に折ってください。**（詳しい説明は80ページ）**

キット
ナンバー
**10**

# ケツァルコアトルス

***Quetzalcoatlus***

**難しさ** ★★★

数ある翼竜の中でも一番大きかったと考えられているのがこのケツァルコアトルスです。翼の中に隠れている骨や体をイメージして折ることがポイントです。**（詳しい説明は82ページ）**

収録キットを使ったジオラマ Ⅲ

*One summer morning*

# 夏の朝

里山に日が差し込む頃、
櫟《けやき》の上に虫達が集まります。

樹液を巡り闘うカブトムシとクワガタムシ。やや小さなカブトムシがその様子を見ている。

自慢の大きなクワで挟もうとしたクワガタムシ！（27ページ扉写真）ところが逆にカブトムシの大きな角で持ち上げられてしまい勝負あり。カブトムシの一本勝ち！

高いところから虫達の様子をうかがう蜘蛛。その目に映るのはカマキリと蝶だ。

樹液を吸う蝶に静かに近づくカマキリが……。

目にも止まらぬ速さで蝶を捕らえた！

キット
ナンバー
11

# 蝶《ちょう》 *Butterfly*

**難しさ** ★☆☆

大・中・小の三つのサイズを収録していますので、大きなものから挑戦してみてください。お尻の折り返しを丁寧に行うのがポイントです。

**（詳しい説明は84ページ）**

キット
ナンバー
12

# カブトムシ

***Japanese rhinoceros beetle***

**難しさ** ★★★

長くて立派な角が魅力のカブトムシ。角はもちろんお腹や手足をしっかり折り込むことでリアル度が増します。説明をよく見てトライしてください。**（詳しい説明は86ページ）**

キット
ナンバー
**13**

# クワガタムシ

***Stag beetle***

**難しさ** ★★★

カブトムシの永遠のライバルと言えばこのクワガタムシ。基本的な折り方はカブトムシと同じです。アゴ（クワ）の角度は折り方次第で変わりますので色々試してみてください。**（詳しい説明は90ページ）**

キットナンバー
**14**

# 蜘蛛《くも》 *Spider*

**難しさ** ★★☆

一見とても難しそうな蜘蛛ですが、足を根気よく折るのがポイントです。また、足の毛を丁寧に切るとリアルさがグッと増します。**（詳しい説明は92ページ）**

キット
ナンバー
15

# カマキリ *Mantis*

**難しさ** ★★★

収録キットの中で一番難しいのがこのカマキリです。全体的にパーツが細いので扱いを丁寧にして折り込んで作ってください。上体を立てると戦いに臨む感じが出て迫力が増します。**(詳しい説明は94ページ)**

part 2

# 広がるキリッタイの世界へ

ここからは今現在の私が作れるキリッタイ作品のなかから、選りすぐったものをご紹介します。キット以外の作品も一枚の紙から作られていることが分かるように、抜け殻も一緒にご紹介しています。キリッタイの深い世界をお楽しみください。

頭から尻尾の先まで、細かいところまで作り込んでいます。

# 金龍《きんりゅう》 *Gold dragon*

キリッタイの中でも一番大変なのがこの金龍です。
技術的に難しいのはもちろんですが、鱗の重ね折りが多いので手間暇がかかります。
こちらの金龍は全長が40センチ以上もあるため、中に針金を入れて耐久性を上げつつ、
ポーズを自在にとれるようになっています。

細かな鱗は、全部、重ね折りを丁寧に
行うことで作られています。

迫力ある爪も、重ね折りで、
体の中から生えているように見えます。

## もう一つのキリッタイ

# 抜け殻の魅力

キリッタイの魅力は、平面の紙から立体作品が生まれることですが、残された紙もなかなか面白いものです。
右は"金龍"の抜け殻を表装して筆をしたためたものですが、改めて見ると、龍が紙から抜け出たように思えなんとも魅力的です。もちろん型紙としても使用が出来ますので、皆さんも出来たら残して再利用しても良いでしょう。
私は今まで切った作品の抜け殻は全部データで残しています。
時折見返すと自分の進歩が分かり、大変勉強にもなります。
※中には中国の故事成語「画竜点睛」（がりょうてんせい）の書き下し文を書いています。

# ペガサス Pegasus

龍に並んで人気があるのがこのペガサスです。
支えがなくても自立するのは大きく広げた翼でバランスをとっているからです。
たてがみを丁寧に切って躍動感を出します。

キリッタイの魅力は影にもあります。
広げたペガサスの翼が綺麗な影になっているのがよく分かります。

# フェニックス *Phoenix*

長い尾が魅力なフェニックス（不死鳥）。細く切った尾を丁寧に折り込んでいます。

# パンダ Giant panda

動物園の人気者・ジャイアントパンダです。こちらも白黒の一枚の紙を切って、黒い熊に白い服を着せるようにして折っています。

# 丹頂《たんちょう》 Japanese crane

日本を象徴する丹頂鶴。頭の朱色、羽根の白・黒の3色を使っていますが、これも一枚の紙から生まれています。

### 紙を変えると雰囲気も変わる

# ティラノサウルス vs ラプトル

## *T.Rex VS Raptors*

キットにも登場するティラノサウルスとラプトル達の戦いを紙を変えて作ってみました。
紙が変わるだけで雰囲気がまったく違ってくるのも、紙の風合いをそのまま生かすキリッタイならではの魅力です。
**※抜け殻はどちらもキットと同じです。**

part 3

# さあ、はじめよう キリッタイ

ここでは実際にキリッタイを作る上での注意のポイントを Q&A 形式でまとめました。キリッタイならではの自由なポーズをつけるコツと、キリッタイを楽しむ上での「３つの約束」も忘れずにお読みください。

作り方のコツは全部ここにある！

# キリッタイ、Q&A

## Q. 道具は何を使えば良いの？

### A. 基本はハサミだけです。

あとは手で折り込むだけです。よく「爪を伸ばしているのですか？」と聞かれますが、あまり伸ばすと割れてしまうので私は少し伸ばしています。ハサミは大阪・堺にある刃物のメーカー・近正さんのクラフト作家用（FB-201FK）のものを使っています。

ハサミはハンドルが大きくて刃が短いものが楽に使えるのでお薦めです。ハサミが苦手な人はカッターを使っても構いません。自分にとって使いやすい道具でOKです。

ハンドル部分（指を入れるところ）が大きく、細かいところも丁寧に切れるので使いやすいです。

## Q. 折り方はいくつありますか？

### A. 基本の折り方は4つだけです。

折り方は、「山折り」「谷折り」「重ね折り」「裏通し」の4つだけです。

※「重ね折り」「裏通し」の説明は 64 ページをご覧ください。

山折り

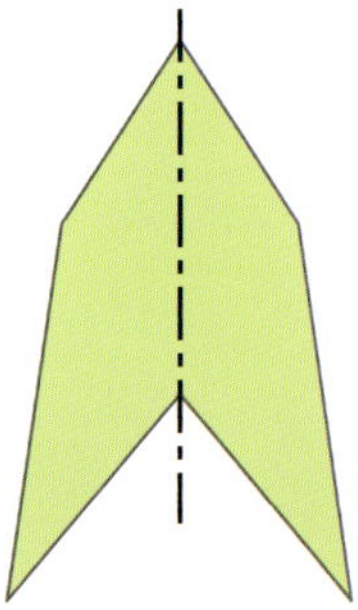

谷折り

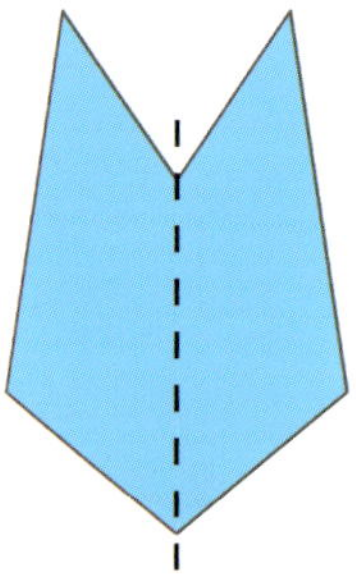

重ね折り

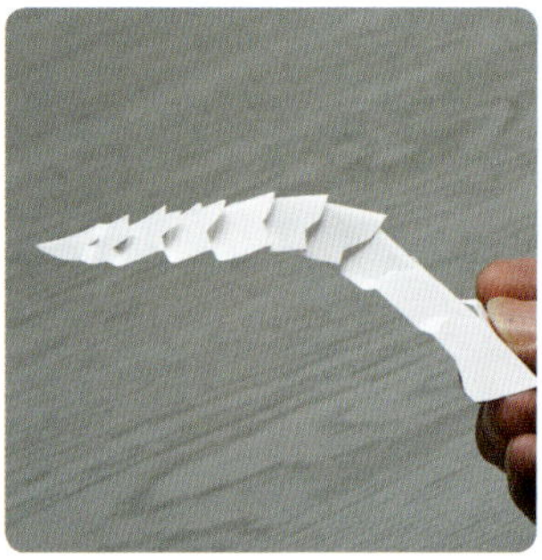

裏通し

## Q. 最初の二つ折りにして切ると左右でずれてしまいます……。

## A. それが自然です。

どんなに上手に切っても左右がずれるのが自然です。私たちの顔と同じで、そうした微妙な違いが味になるのです。左右で切れ具合も違いますので、足りないときは微調節してください。目や「重ね折り」「裏通し」の切り込みも、二つ折りのときに忘れずに切りましょう。

左右の違いは気にしなくてOKです。

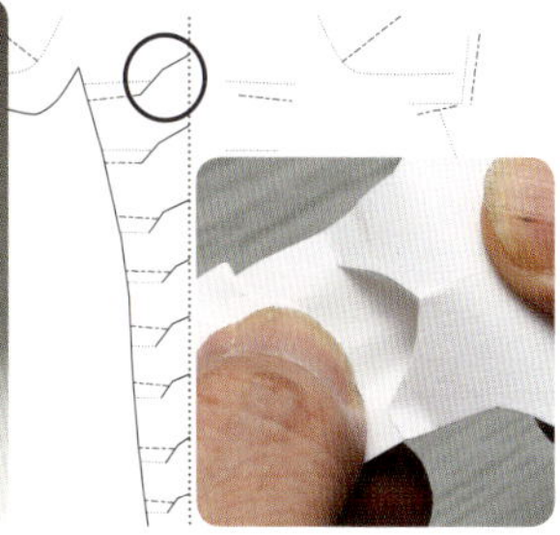

尻尾や首の切り込みも二つ折りのときに切ります。

## Q. 切り間違えた時はどうすればいいの?

## A. 切り30%、折り70%です。

キリッタイで大事なことは切ることよりも折ることです。ですから多少切り間違えても、全体のバランスを見ながら折っていけばほとんど問題ありません。細い部分を切り落としてしまったときは裏からセロハンテープなどで補強してください。また細くて切るのが難しいところは切り線よりも大きめに切って、後から細く折ることで調節が出来ます。

## Q. どうしてもハサミが上手く使えません。

## A. 細かい部分は先、毛などは根元で。

沢山切って慣れるのが一番ですが、顔やまぶたなどの細かいところはハサミの先で、ライオンのたてがみや毛などは根元を使ってスピーディーに切るのがコツです。ハサミを立てて突き刺すような使い方は危険ですのでしないようにしてください。

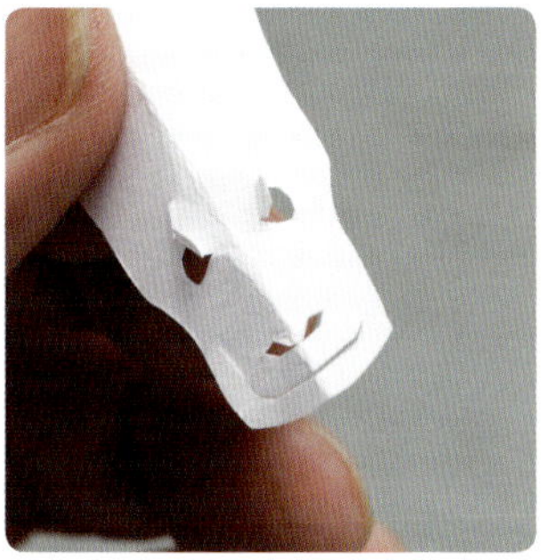

刃先は顔などの細かいところを切るのに向いています。

細かい毛などは根元を使うと良いでしょう。

## Q. 毛を切る線が入っていないんだけど？

## A. 細かい部分の切り線はありません。

ライオンのたてがみや細かい毛など、細かく切るところには切り線を入れると、かえって不自然になるので線を入れていません。ですから完成見本や実物をイメージしながら切ってください。その方が自然で味のある作品になります。

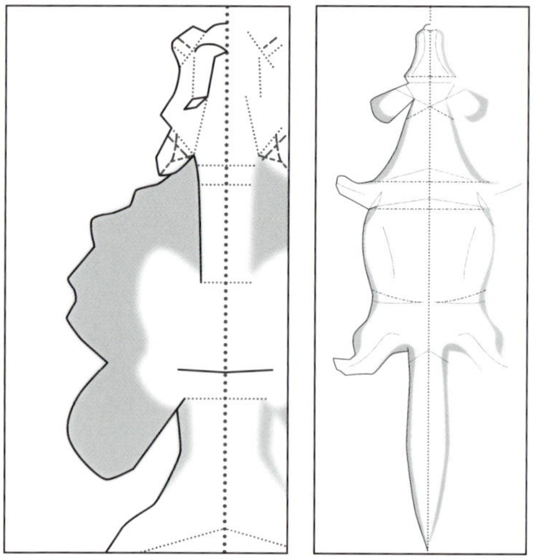

ライオンやダックスフントなどの細かい毛の部分には切り線は入っていません。グレーの部分を目安に切ってください。

## Q. 手足を折る時のコツはありますか？

## A. 骨や関節を意識して折りましょう。

キリッタイのキットの折り線は外からは見えないように体の内側に入っています。この折り線を目安に、外側から紙の下に骨や関節があることをイメージして折るのが大事です。私はこれを「骨を入れる」と言っています。このときに折り紙のように一直線に折るのではなく、完成写真や図鑑、本物などを参考にして“丸みをつける”つもりで折ってください。自分のヒジをよく見て、動かしてみるのも参考になるでしょう。そのうちに段々とリアルな感じを出すコツが分かってきます。

キットを切ったところで足の型になっています。

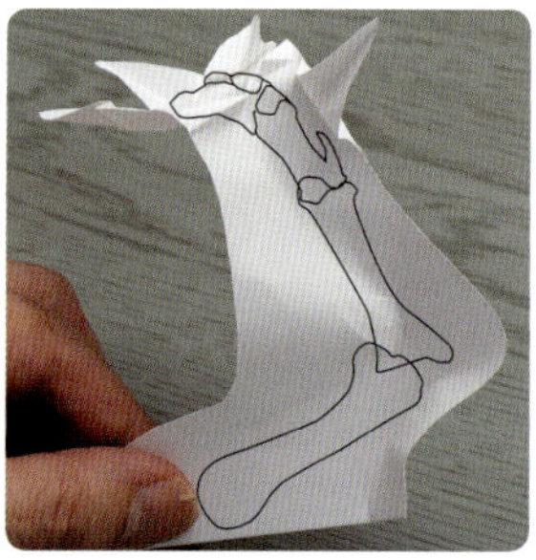

内側の折り線を目安に骨や関節をイメージして折ります。

外側から見ると肉や骨、関節が感じられます。また爪は根元を重ね折りすることで、体の内側から生えているように見えます。

## Q. 折る順番はあります？

## A. 基本的には自由です。

二つ折りにして切って開いたら、あとは折りやすいところから折っていけば OK です。ただ初めての方はある程度順番があった方が折りやすいと思いますので、今回収録しているキットについては目安となる順番を用意しましたので、こちらを参考に折るといいでしょう。

折る順番

| 象 | キリン | ライオン | ガゼル | 首長竜 | T.Rex | ラプトル |
|---|---|---|---|---|---|---|
| 鼻 | 首 | 頭をタテガミに通す | 頭に角を通す | 首 | 首 | 首 |
| 牙 | 耳 | 口元 | 耳 | 尻尾 | 顔 | 顔 |
| 顔 | 角 | 耳 | まぶた | 首の付け根 | 口・まぶた | 口・まぶた |
| 耳 | まつ毛 | 顔・肩 | 顔・肩 | 肩 | 首の付け根 | 首の付け根 |
| 肩 | 顔 | 首の付け根・腰 | 首の付け根・腰 | 前足 | 尻尾 | 尻尾 |
| 首の付け根 | 肩・首の付け根 | 前足 | 前足 | 後ろ足 | 肩 | 肩 |
| 前足 | 前足 | 後ろ足 | 後ろ足 | 尻尾 | 前足 | 前足 |
| 後ろ足 | 後ろ足 | 尻尾 | 尻尾 | 顔 | 後ろ足 | 後ろ足 |
| 尻尾 | 尻尾 | | 角 | | 足首 | 足首 |

折る順番

| トリケラトプス | ケツァルコアトルス | 蝶 | カブトムシ | クワガタ | 蜘蛛 | カマキリ |
|---|---|---|---|---|---|---|
| 小さい角 | 首 | 蜜を吸う口 | お腹 | お腹 | 腹上 | 腹 |
| 大きい角を頭に通す | 顔 | 足のある体 | 足を体に通す | 足を体に通す | 腹下 | 足を体に通す |
| 頭を襟に固定 | 口・まぶた | お腹 | 足を折る | 足を折る | 下の腹を上の体に固定 | 足の関節を折る |
| 襟周り | 翼の中の骨 | 羽 | 触覚・目・角 | 触覚・目・角 | 毛を切る | 下の体を上の体に固定 |
| 肩・首の付け根 | 肩骨 | 足 | 下の体の首 | 下の体の首 | 足の関節 | 触覚を頭に通す |
| 前足 | 体 | | 小さい角を上体に通す | 口の部分を頭に通す | 牙 | 前足のカマ |
| 後ろ足 | 足 | | 小さい角を切る | 蜜を吸う口を切る | | |
| 尻尾 | | | | | | |
| | | | | | | |

## Q. 首を折る時のコツを教えてください。

## A. 角度を決める三角形が大事です。

首の角度は肩の三角形の大きさで決まります。三角形を大きく折る（A）と首の角度は浅く顔は上を向き、小さく折る（B）と顔が正面に向きます。ポーズにより折り分けてください。

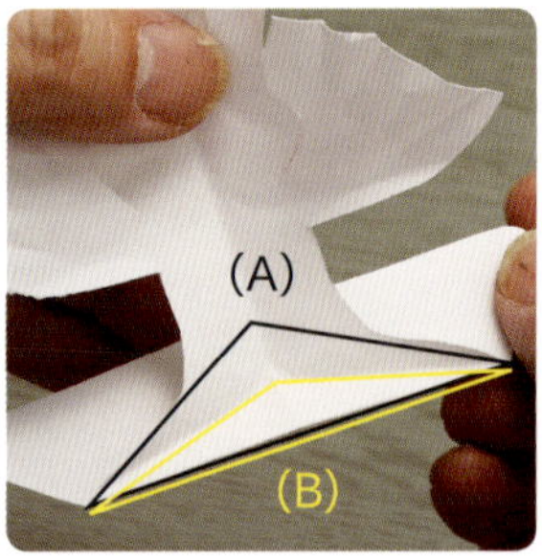


首の角度はこの三角形の大きさで決まります。

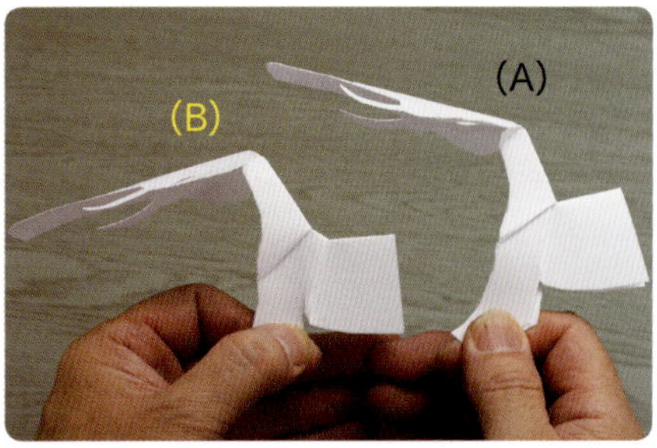


三角形を深く折ると顔は上を向き、浅く折ると正面方向へ向きます。

## Q. 折り線の通りに折れません。

## A. 折れ線はヒントだと思ってください。

キリッタイは折り紙と違い、全ての折り線を正確に折ることは重要ではありません。実際の切り方によってもサイズは微妙に異なってきますし、全部の折り目を線にしていません。キットの折れ線はヒント・目安だと思って、全体の感じを大事にして折ってください。また完成した後で、ポーズをつけるときには山折りと谷折りを逆にしたり、新しい折り線をつけて、色々なポーズにトライしてください。

## Q. 折る時に定規やピンセットを使っても良いのでしょうか？

## A. OKですが一番はやっぱり手です。

私は使っていませんが、みなさんが道具を使うことはOKです。ただキリッタイ独特のリアルさは指で折る丸みで出ますので、最初は少し難しくても自分の手を使うことをお薦めします。また紙は意外に丈夫でやり直しもききますので、勇気を持って大胆に折りましょう！

## Q. 細かい部分が上手く折れない！

### A. 難しいところは折らなくてもOKです。

細かな重ね折りなど、折るのがどうしても難しいところは飛ばしてしまっても構いません。首長竜の首や尾っぽも難しければ折り目を一つ飛ばしても良いでしょう。

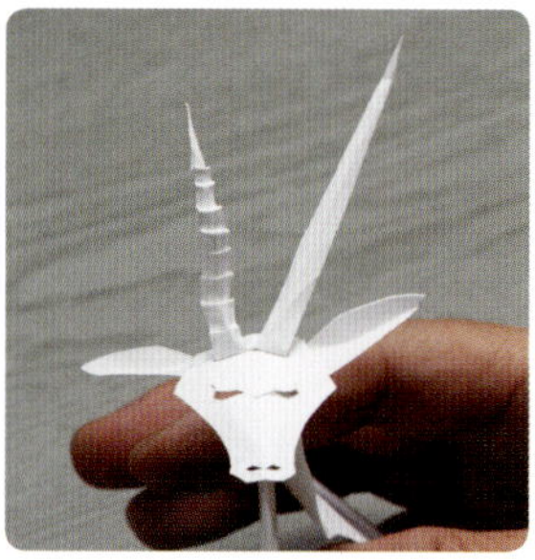

ガゼルの角も難しければ折らなくてもOKです。

## Q. 作った後に長く保存したいのですが。

### A. 透明ラッカーを使うと良いでしょう。

紙のキリッタイは時間が経つと形が崩れてきます。そのため長く保存をしたいときには、透明のラッカースプレーでコーティングすると良いでしょう。スプレーを吹くと形が崩れますが、乾燥後にもう一度形を整えれば元に戻ります。固くなりますが、ポーズを付けたりは出来るのでお薦めです。私が使っているのは水性のもので、動物には（クリヤーつや消し）、恐竜や昆虫には（クリヤーツヤあり）を使っています。

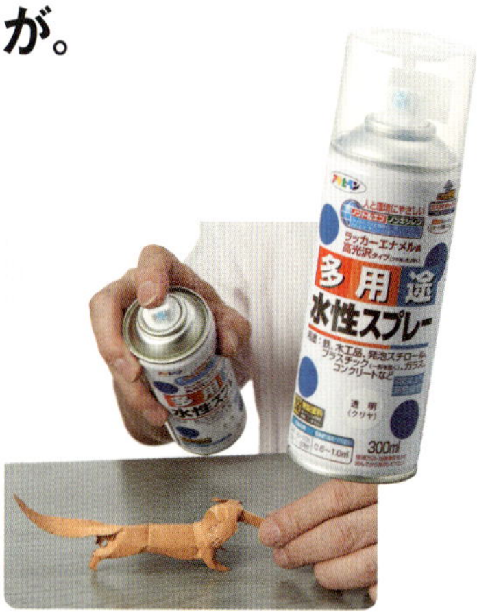


スプレーを吹くときは換気に気をつけてください。

## Q. 先生はどうして線が無くて切れるの？

### A. 私にも分かりません（笑）

私が実際にキリッタイを作るときには切り線も折り線も入れず、頭に浮かんだイメージだけで紙を切って折っています。なぜそんなことが出来るのかをよく聞かれますが、これは私にも分かりません（笑）。逆に線があると気になって難しいくらいです。ですからこの本に登場するキットは、私が下線無しで一度作ったものをもとにして、出版社の方が線を入れたものです。写真に下線が無いのはそうした理由からです。

## Q. その他にコツはありますか？

## A. 一番大事なのは観察眼です。

一般的な折り紙とキリッタイの一番の違いは、折り紙が一つ一つの折りを積み重ねていくことで完成形が見えてくるのに対して、キリッタイは最初から完成形をイメージしながら折ることにあります。そのために大事なのは、モチーフに対する観察眼です。折るときにはその作品についての本や映像などを見て自分のイメージを作り、それをどこまで折り込めるかが作品に反映されます。ですからキットの線はあくまで目安として、みなさんが思う象やキリンに近い折り方が他にあれば、そちらを優先させてください。時々教室でも違う折り方をしている方やお子さんがいますが、私から見ても「良い折り方だな！」と思うこともあり、そうしたときは直しません。
あなただけのキリッタイを是非追求してください。

### 保護者のみなさまへ

恐らくこのキリッタイをご家族で楽しまれている方もいらっしゃると思います。その際にお子さんの作品が見本と違っていても、どうぞ無理に直させたりしないでください。それは、お子さんにとって自分が作った作品がどう見えているかが重要だからです。
私自身、キリッタイは誰かに教わったものではなく、作品は“私の見方”を立体化したもので、本物とは違うところが沢山あります。例えばT.Rexは最近の研究では頭に毛が生えていたという説があり、技術的にはキリッタイでも毛を生やすことは出来るのですが、今はあえてやろうとは思っていません。それは私にとってのT.Rexは今のものが一番近いからです。もちろん将来変わることはあるでしょうが、作品作りで一番大事なのは、私にとっての見え方です。キリッタイに限らず何かを作るときは、出来映えや人の目を気にしてしまいがちですが、キリッタイについては、まず“自分にどう見えているか”を一番大事にして、お子さんの作品を見守って頂ければと思います。そこにその子自身の想像の翼や創作の扉があると思うからです。
私自身、自分の教室で子供さんの作品に触ることはほとんどありません。触るのは「教えて」と子供さんから言ってきたり、首を傾げている子に「少し触ってもいい？」と訊いてから、私の折り方を見せたりします。ですからみなさんも子供さんに任せて、もし困っているようだったら一緒に考えてあげて頂ければと思います。

著者からのお願い

# キリッタイ、3つの約束

キリッタイは一枚の紙を切って折るだけのとてもシンプルなものです。
ただ3つだけ守っていることがあります。
それは、

## 一枚の紙から作る

## 色を塗らない

## テープや糊を使わない

です。
どれもわたしのこだわりで、ちょっと考えると不自由に見えるかもしれませんが、
この3つの約束があるおかげで色々な工夫が生まれ、今のキリッタイがあります。
ですので、是非みなさんにもこの三つの約束を守って頂ければと思います。
最初は難しく感じるかもしれませんが、続けているうちにコツが分かってきて、
自分なりの上手に出来る方法が見つかるはずです。ちょっと頑張ってみてください。

カラフルな作品は先に色紙を貼り合わせて一枚の紙にしたあとで切っています。

ここで紹介している作品「花にとまる蝶」も全部一枚の紙から出来ています。

### 折った後で自由に動かせる

# 表情豊かなキリッタイ

キリッタイの魅力はただ作るだけではなく、作った後に動かせることにあります。
ここではキリッタイの基本モデルのダックスフントを例にして、その自由さを紹介しています。
首を少し動かすだけで悲しんだり、喜んだりする様子が分かるでしょう。

### まず動かしてみよう

# ポーズをつけるコツ

もう何度も作っているダックスくんですが、
今でも色々な場面を思い浮かべて動かしているうちに
気がつくと小一時間ほど過ぎていることがよくあります。
ポーズをつけるコツは、まず動かすことです。
あまり考えずに折ったり伸ばしているうちに、
色々な表情が見えてきます。

あそぼう！
あそぼう！

**歩く、走る、怒る、喜ぶ……**

# 色々な表情のダックス

ここで紹介しているダックスは全部同じキットです。
折りの深さを変えたり、
山折りと谷折りを逆にしたりすることで作っています。

## 基本形

こんにちは！

## 歩く

おさんぽ、おさんぽ！

なでて、なでて！

## 寝る

## 伏せ

……。

## 走る

いそげ、いそげ！

## 怒る

う〜、
なんだか
あやしいぞ！

なにか、
においがするぞ

## キリッタイの基本はここから

# ダックスを作ってみよう！

ここでは一番基本となるダックスフントを例にキリッタイの作り方を一通りご紹介します。切り方や体の折り方などは他のキットも同じですので、まずここから始めましょう。**（ダックスフントのキットは97ページです）**

**キット ナンバー 01**

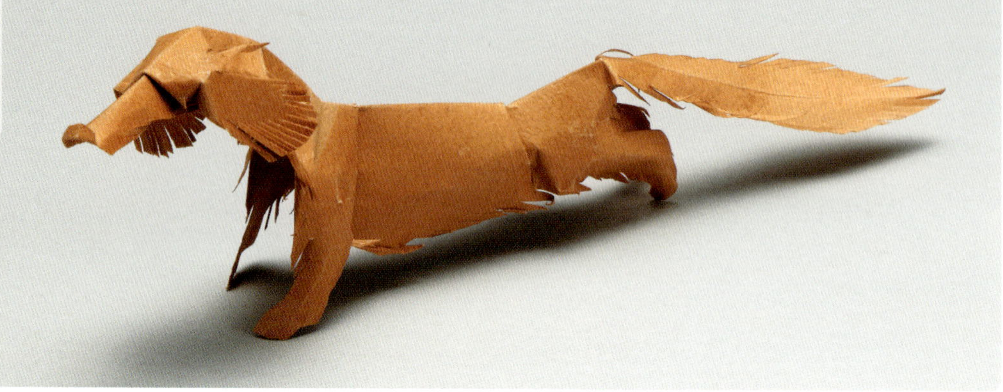

## キットの説明

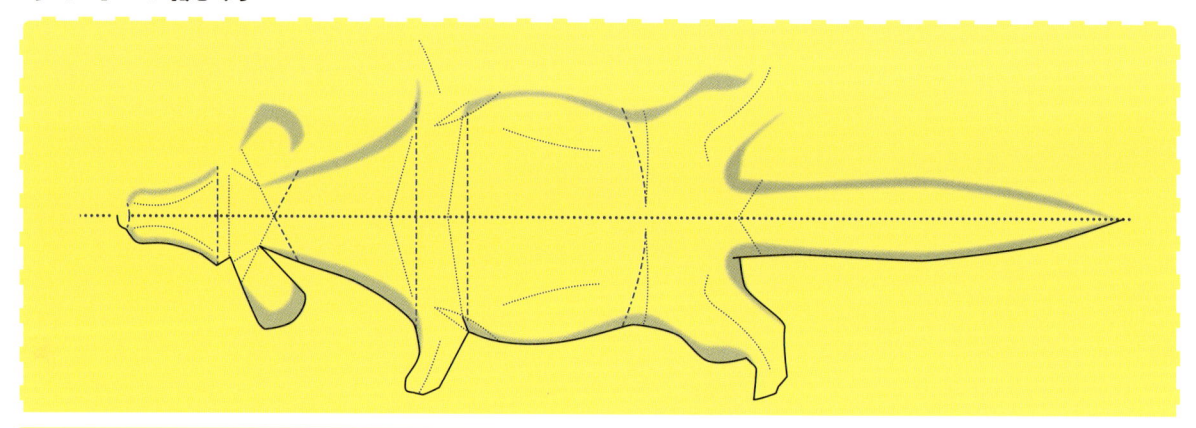

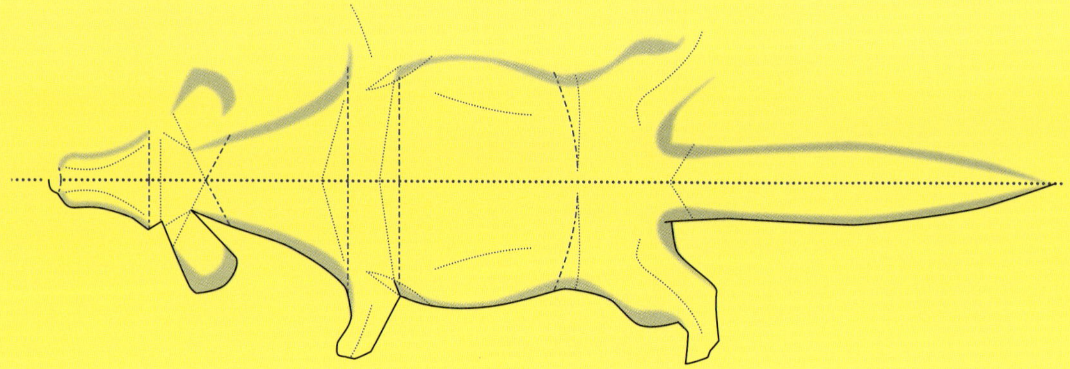

◎実際のキットには切り線、折り線が入っています。
◎線が書いてあるのが内側になります。
◎実線が切り線、破線が折り線になります。
◎二つに折ってから切るため、切り線は片側だけに入っています。
◎折るときには外側から形を確認しながら破線を目安に折ってください。
◎細かい毛などは切り線が入っていない代わりに、グレーで切る範囲が入っています。

### 線の説明

**切り線**
**谷折り線**
**山折り線**
**毛の範囲**

## 全体を切る

中心線に沿って二つ折りにします。※実際のキットには切り線が入っています。

枠線に沿って、手や足などに注意して切りましょう。

反対側（ここでは尻尾側）から切ってもOKです。

切り抜いたところです。キットではここで線が内側に来るように反対に折ってください。

## 毛を切ろう

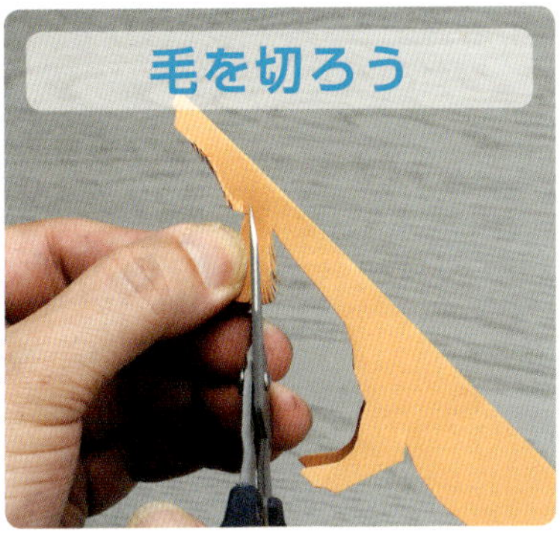

まず最初にハサミの根元を使って、細かい毛から切っていきます。

背中に対して真っ直ぐではなく、鼻先に向けて斜めに切ります。

同じように体の毛も切っていきます。

お腹の毛を切ります。

お尻から足の毛です。

最後に尻尾の毛を切ります。

これでダックスフントの切りは終わりです。

## 肩を折る

切り終わったダックスです。※実際のキットには折り線が入っています。

線を目安に前足の前から真後ろへ山折りにします。

山折りの前側を斜めに谷折りにします。

折りしろが三角形のようになります。この三角の高さが、首の角度を決めます。

前足の下側も真後ろへ山折りにします。

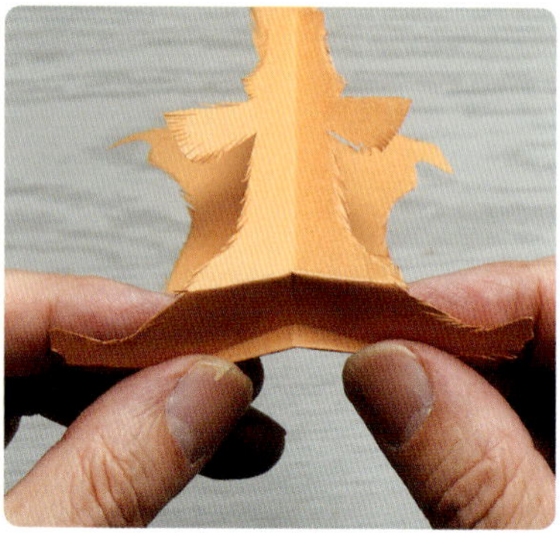

先ほどと同じように三角形に谷折りにします。

三角形を潰さないように全体を谷折りにします。

ここまでで肩から首までが出来ました。

## 頭を折る①

今度は頭を折っていきます。耳の後ろを谷折りにします。

谷折りにしたところで、耳の後ろをつまみ、頭の角度を作ります。

顔を折ったところです。

後ろから見たところです。

今度は目を作ります。ダックスの場合は切らずに影で表現します。

裏側の折り線を参考に重ね折り。

重ね折りの部分が少し開いてくぼみになりました。

顔をつまんで形を整えます。

長い毛並みで目が隠れているように見えます。

## 腰を折る

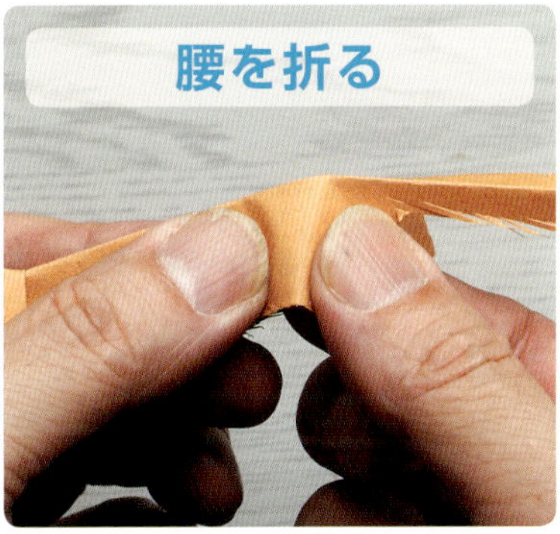

裏側の折り線を目安に腰を重ね折りにします。以下、左右同じことをします。

モモの感じが出ればOKです。

## 前足を折る①

前足の上側を折ります。

前後の足の付け根に関節があるような感じが出ればOKです。

## 後足を折る①

後ろ足に“骨”を入れます。

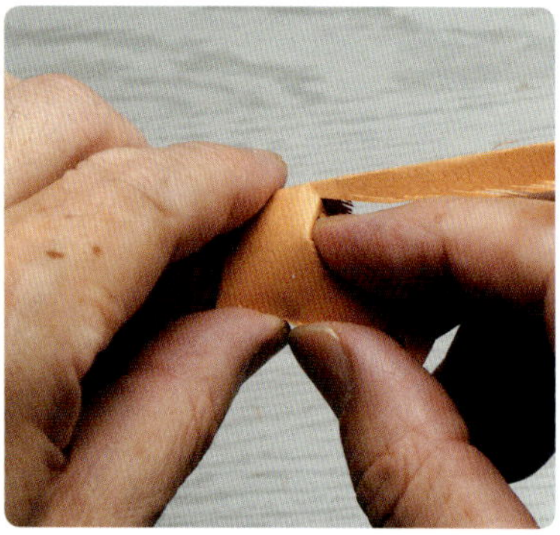

しっかり折り込むのではなく、骨と関節をイメージして、丸みをつける感じで折ります。

上半分が折れました。

今度は下半分です。

こんな感じになればOKです。左右同じようにしましょう。

## 前足を折る②

今度は前足です。両手の指で挟むようにします。

足先を折ります。

自然な丸みが出ればOKです。

反対側も同じことをします。

これで全部の足が完成しました。

## お腹を折る

お腹を内側に丸めます。

自然に膨らんで見えるようにしましょう。

## 尻尾を折る

尻尾をクルンと巻きたいときは、爪を使います。

根元を抑えながら尻尾を爪で強めにしごきます。

指を離すとこんな形になります。

形を整えます。

自然な感じになればOKです。

## 顔を折る②

今度は顔です。平たい顔に丸みをつけていきます。

鼻先を折り返して鼻を作ります。

ぐっと顔に表情が出て来ました。

耳の形を整えます。

全体のバランスを整えます。

これで完成です。好きなポーズをとらせてください。

### 覚えて欲しい二つのテクニック

# 「重ね折り」と「裏通し」

キリッタイ独特の折り方がこの「重ね折り」と「裏通し」です。どちらもよく使う折り方ですのでよく覚えておいてください。

## 重ね折り①

恐竜の爪や象の牙、足や腕など、「重ね折り」をすることで体の中から生えているように見えます。

根元を軽く折ることで、よりリアルになります。

## 重ね折り②

象の鼻や首長竜などは細かい「重ね折り」で作ります。細かすぎで難しい時は、1つ飛ばしで折ってもOKです。

少し伸ばすと自由に動かすことが出来ます。

## 裏通し①

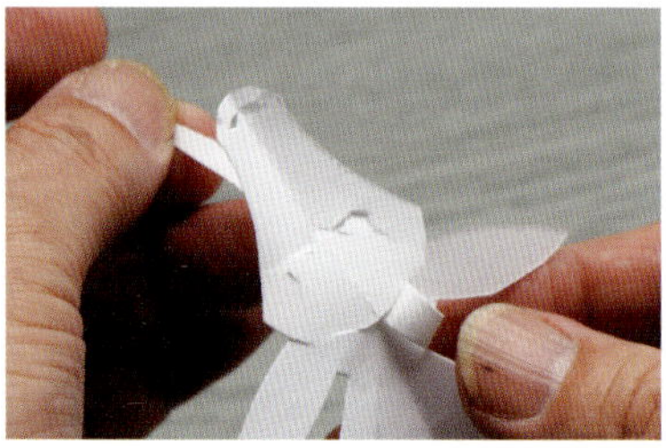

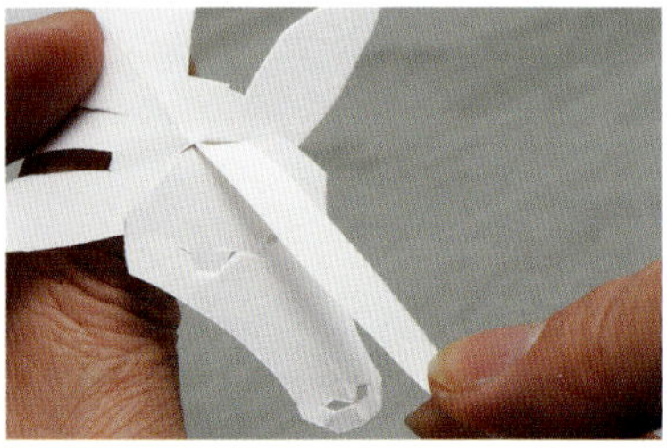

「裏通し」は裏側から表側へ角や足を引き出す折り方です。昆虫の足などで沢山行います。

## 裏通し②

顔など大きなものを通すときには、小さく畳んで通した後に広げます。

part 4

# 収録キット作り方のポイント

ここでは収録している各キットの作り方のポイントを紹介しています。
最初に二つ折りにして、体の枠線や目、鼻・首の重ね折り部分にある切り線を先に全部切るのは全て同じです。折り方に迷ったときは、基本のダックスフントや 49 ページの折る順番を参考に、似たキットの説明やカラーの完成写真などを見てください。
同じキットでサイズの違うものが入っているものは、まず簡単な大きいものからトライすると良いでしょう。

## 線の説明

- ───── 切り線
- ・・・・・ 谷折り線
- ─・─・─ 山折り線
- （グレーの線） 毛の範囲

## 収録キット



●実際のキットには切り線、折り線が入っています。
●実線が切り線、破線が折り線になります。
●二つに折ってから切るため、切り線は片側だけに入っています。
●切り抜いた後に、折り線が内側になるように折ってから作ってください。
●折るときには外側から形を確認しながら内側の折り線（破線）を目安に折ってください。
●細かい毛などは切り線が入っていません。グレーの範囲を目安にして切ってください。

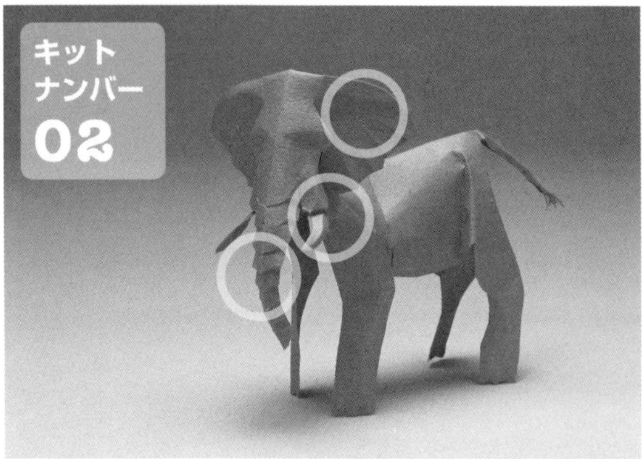


## キットナンバー02 （完成見本は 14 ページ）

# 象《ぞう》

### ポイント

**1.** 鼻の重ね折りは、なるべく重なる範囲を狭くして折ってください。

**2.** 牙の根元を重ね折りにすることで、体から生えているようにします。

**3.** 耳のしわは放射状につけます。爪でギュッとしごいてつけるとしっかりしわが入ります。

**4.** 首の付け根、肩を折り出す時は、全体を考えて折りを調節します。

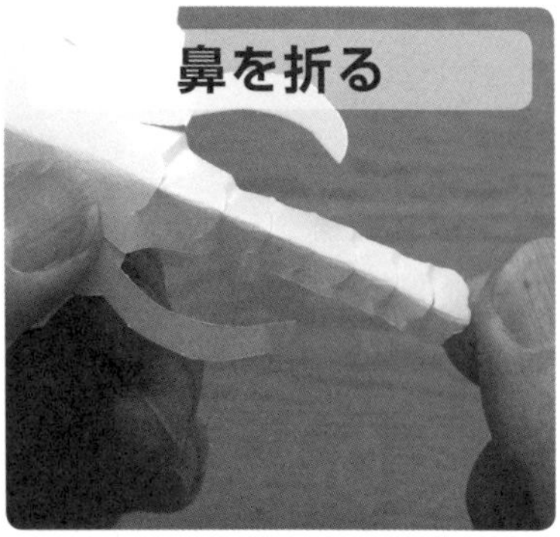


先にハサミで切れ目を入れておきます。

根元から折り始めます。

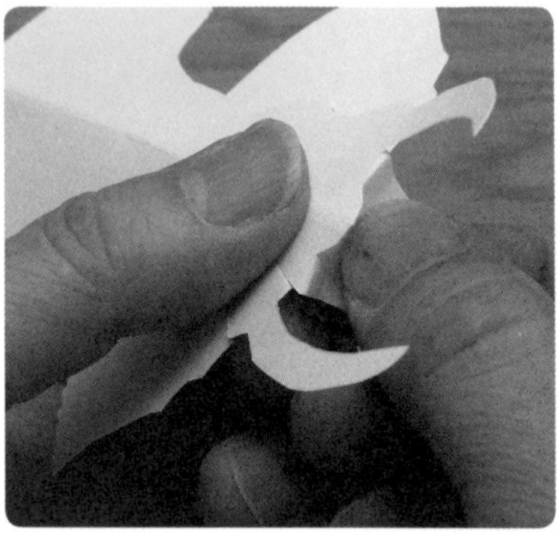

山折り（裏から見ると谷折りの線です。以下略します）をして、

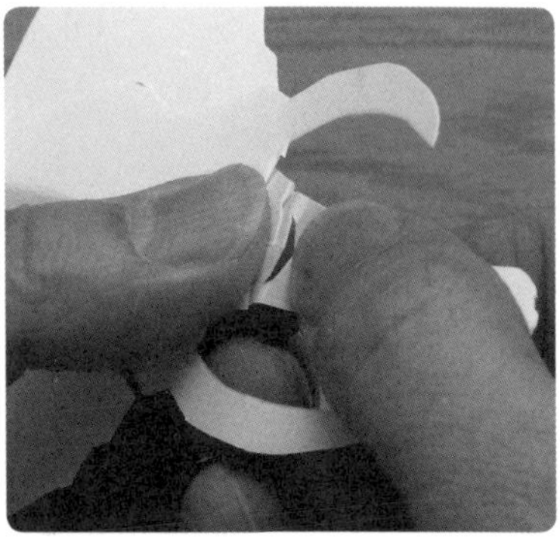

次は谷折り（裏から見ると山折りの線です。以下略します）にします。

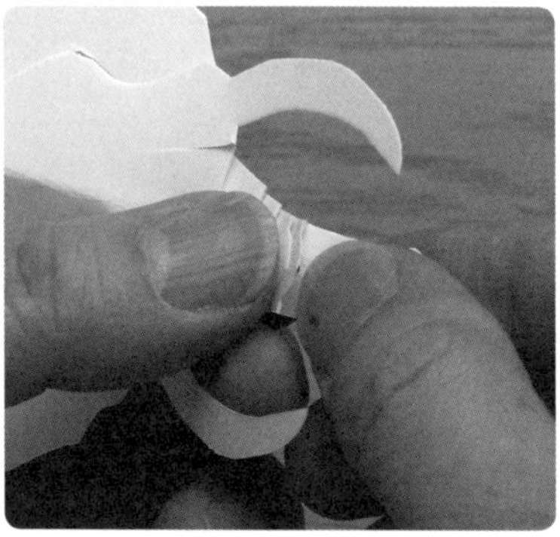

同じことを繰り返していきます。難しい場合は飛ばしても構いません。

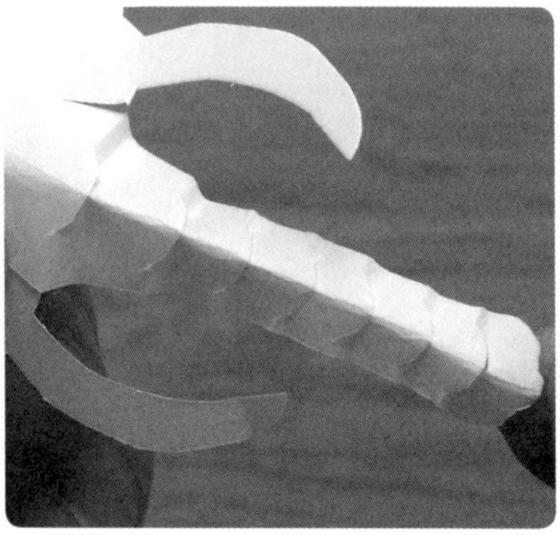

鼻の重ね折りが完成したところです。

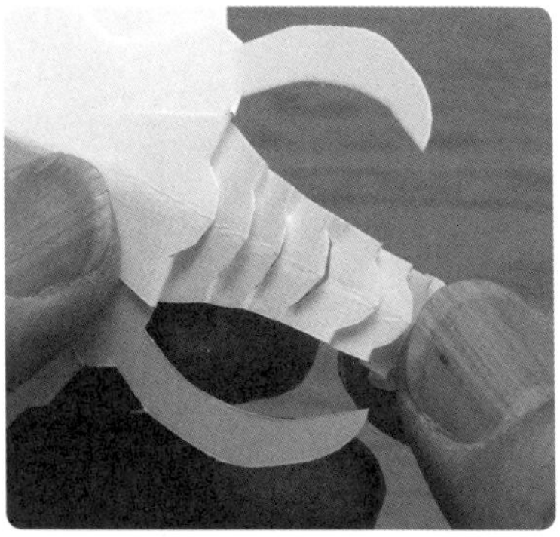

裏から見たところ。

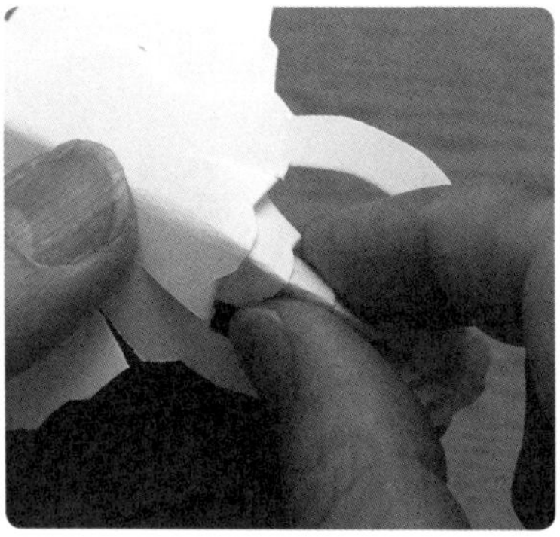

形を整えて、

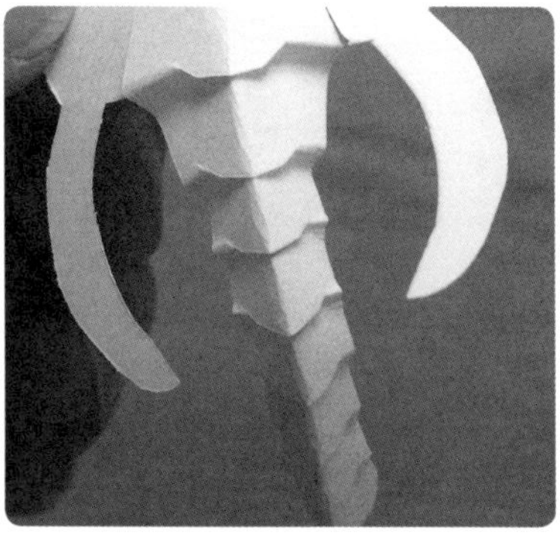

鼻の完成です。

## 牙を折る

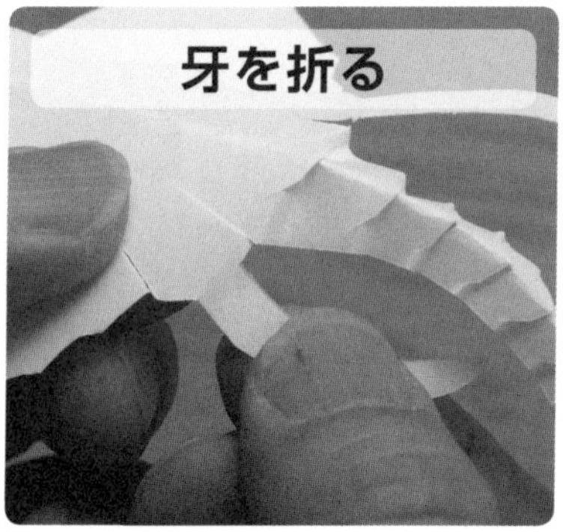

牙は根元から折っていきます。

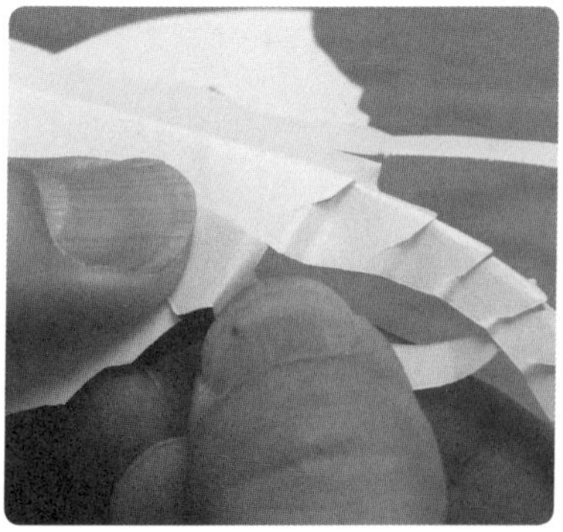

根元を重ね折りにして、

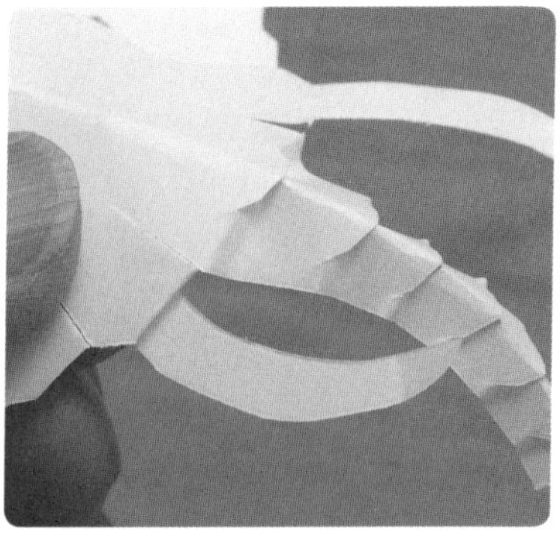

体の中から生えている感じを出します。

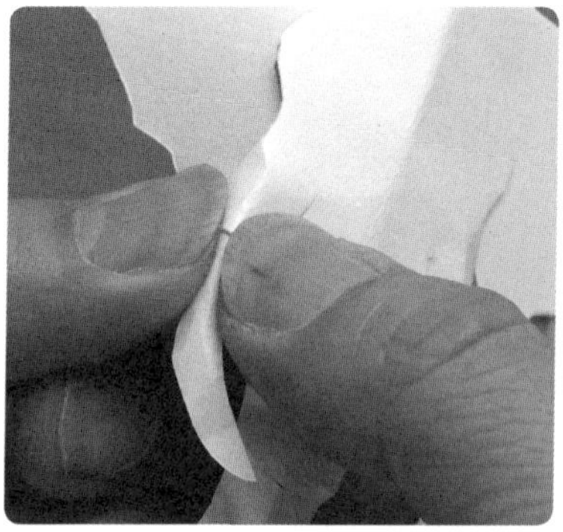

丸みをつけます。この時、牙だけではなく根元まで丸みをつけましょう。

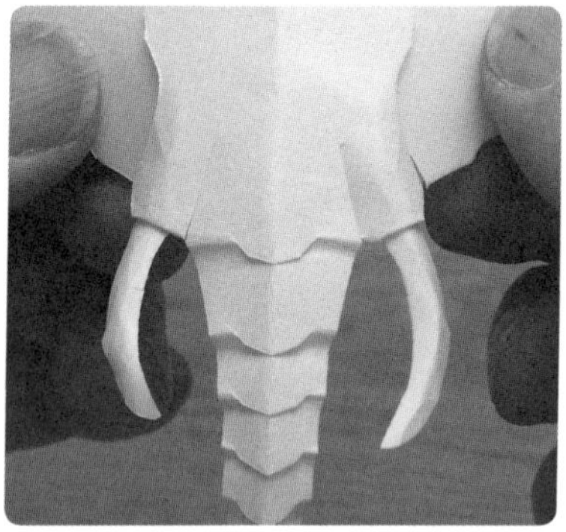

牙の完成です。体から生えている感じがすればOKです。

## 耳を折る

大きな耳を折っていきます。

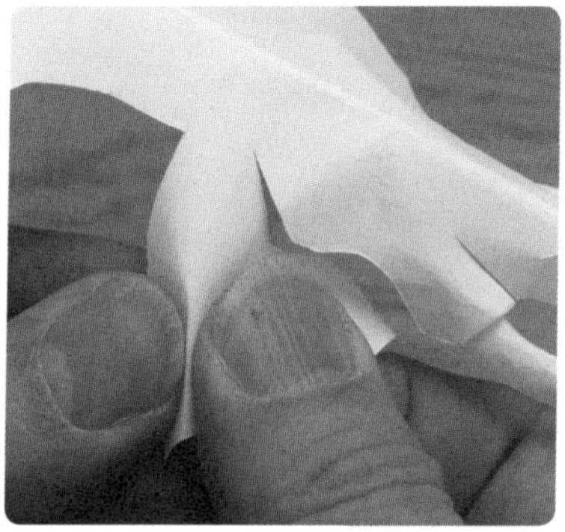

両手の親指を寄せるようにして折り、

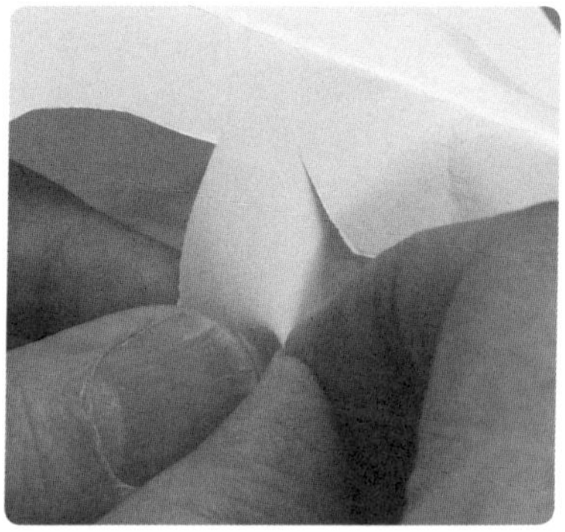

最後に指でつまみしっかり折り目をつけます。

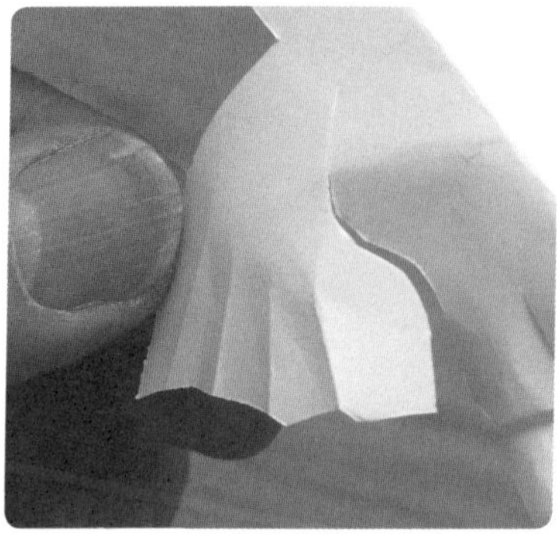

同じことを繰り返して、耳の完成です。

## 肩を折る

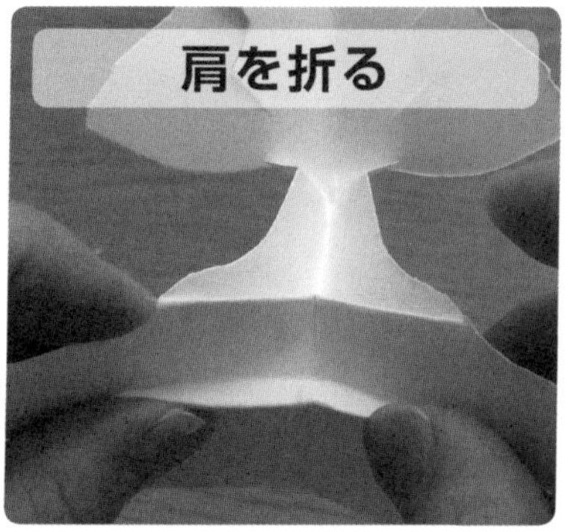

肩の角度は重ね折りの大きさで決まります。

前脚の前の折り線と、後ろの折り線を目安に色々な角度を試してみてください。

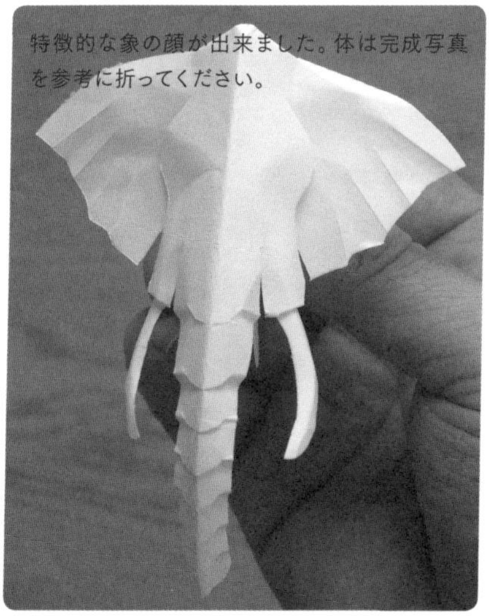

特徴的な象の顔が出来ました。体は完成写真を参考に折ってください。

**キットナンバー03**（完成見本は15ページ）

# キリン

## ポイント

**1.** 首の重ね折りは、根元の三段の折り方を逆にして、首が大きく持ち上がるようにします。

**2.** 顔のまつ毛は外側にカールさせてください。

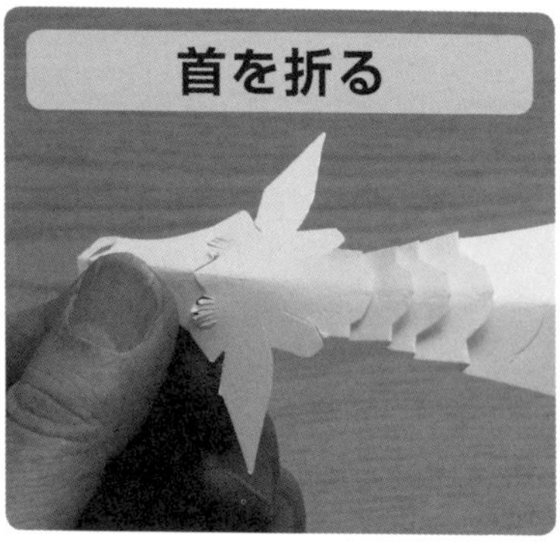


首の折り重ねは、象の鼻と同じですが、キリンは頭側から折っていきます。

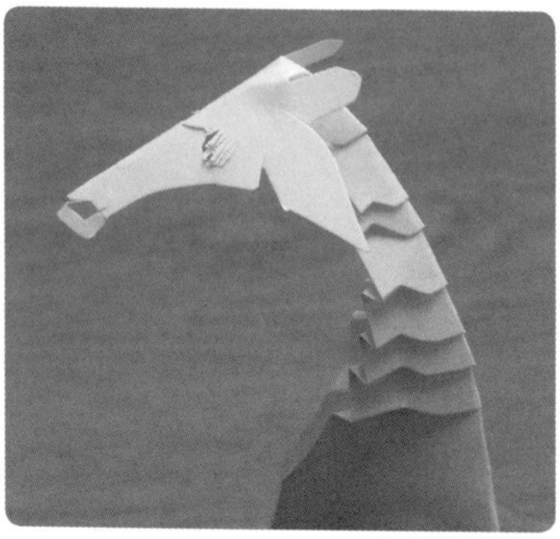

根元の最後の三段までは普通の重ね折りでOKです。

根元側最後の三段は、山折り・谷折りを逆にします。

ここまでは（山折り・谷折り）でしたが、ここからは（谷折り・山折り）にします。

最後の一段を折っているところです。

横から見たところです。最後の三段が逆になっていることが分かります。

表側から見たところです。

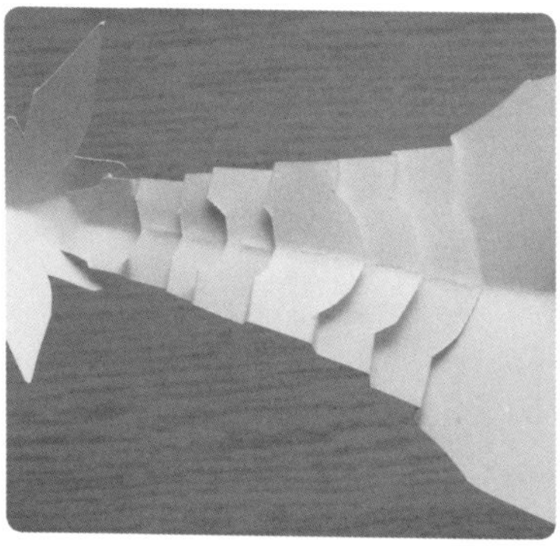

裏側から見たところです。半円の位置で逆になっているのがよく分かります。

最後の三段を逆にすることで、首が立ちます。

## 顔を折る

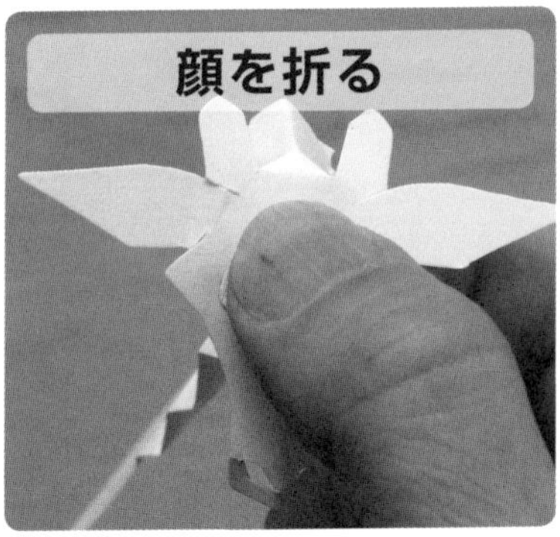

顔は耳から折っていきます。

象の牙と同じように、根元を重ね折りにします。

左側だけ重ね折りをしたところです。反対側と比べると感じの違いがよく分かります。

指でつまんで耳に立体感をつけます。角も丸みをつけます。

顔を折って立体感をつけます。

特徴の長いまつ毛を起こします。

顔の左半分が折り終わったところです。

右側も同じように折って完成です。

**キットナンバー04**（完成見本は16ページ）

# ライオン

## ポイント

**1.** たてがみは中心に向かって放射線状に切ってください。

**2.** 顔は小さく折って、裏通しで通した後で広げます。

**3.** 尻尾は丸めるように折って細くします。このとき先っぽは折りません。

まず雄ライオンのたてがみを中心に向かって放射線状に切ります。

ハサミの根元を使いましょう。

たてがみを切り終わったところです。

顔を二つ折りにして細くします。

細くした顔を切り込みから表へ裏通しします。

鼻の切り込みなどが引っかからないように、丁寧に入れましょう。

表側から顔が出てきたところです。

顔が正面に向くように折ります。

顔がたてがみの中心に来るように位置を調整します。

続けて口を折ります。重ね折りで立体感を出します。

口の両端を重ね折りにして、

さらに両側を折り込み顔を整えます。鼻の両端に丸みをつけると立体感が増します。

## 尻尾を折る

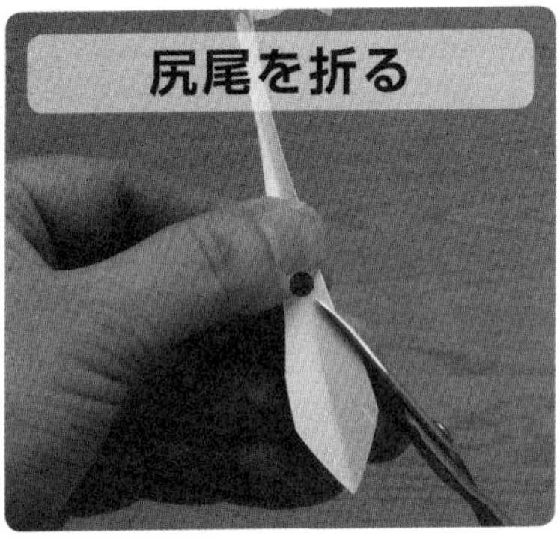

尻尾は根元方向に向かって切ります。

丁寧に切るとリアリティーが増します。

尻尾の先を切り終えたところです。

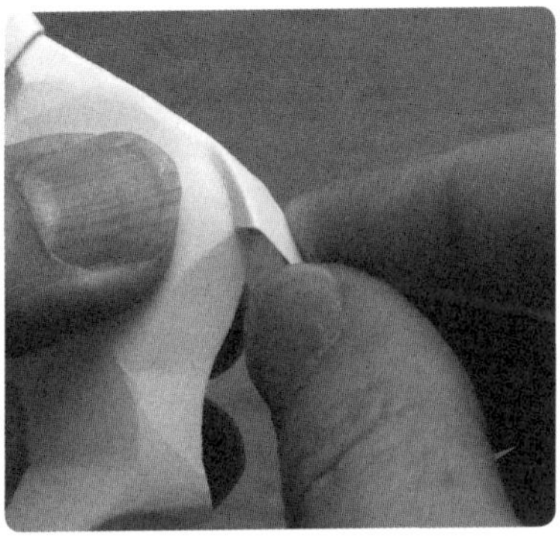

根元を折って角度をつけます。

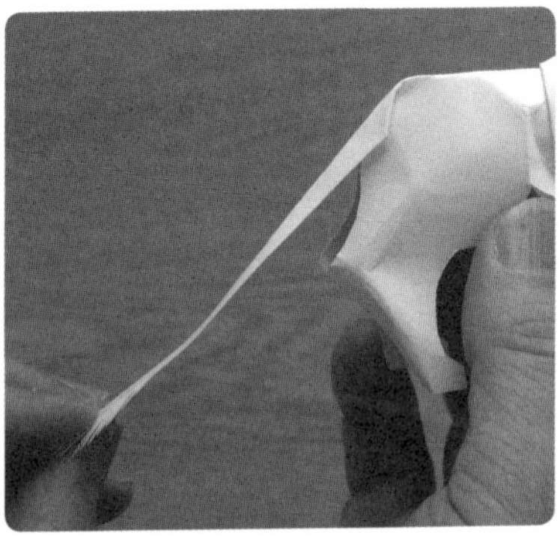

角度のつけ方は自由ですが、ここではやや下向きにしてます。

尻尾が丸くなるように折り込んでいきます。

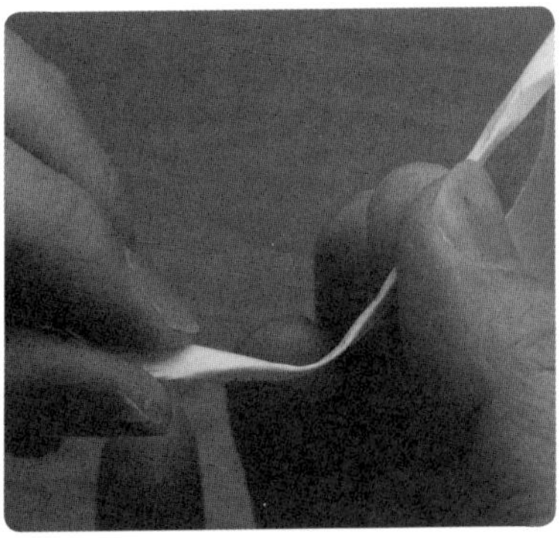

潰さないように、指で丸めるように折るのがコツです。

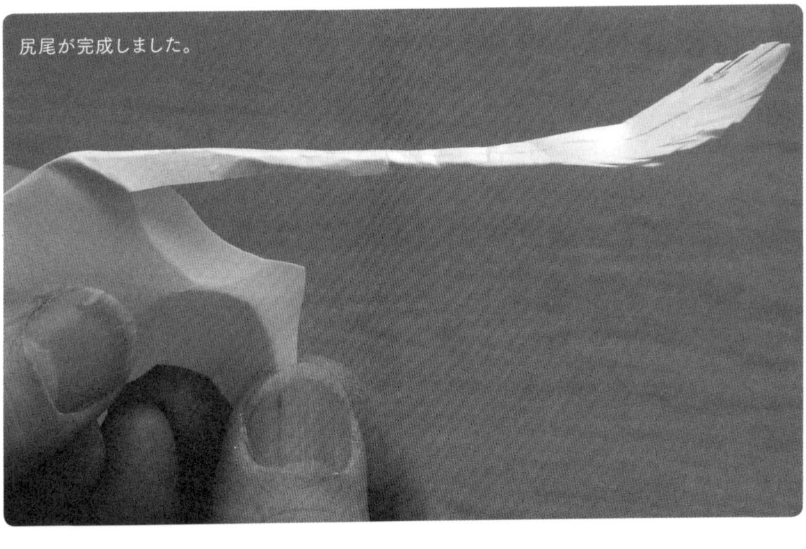

尻尾が完成しました。

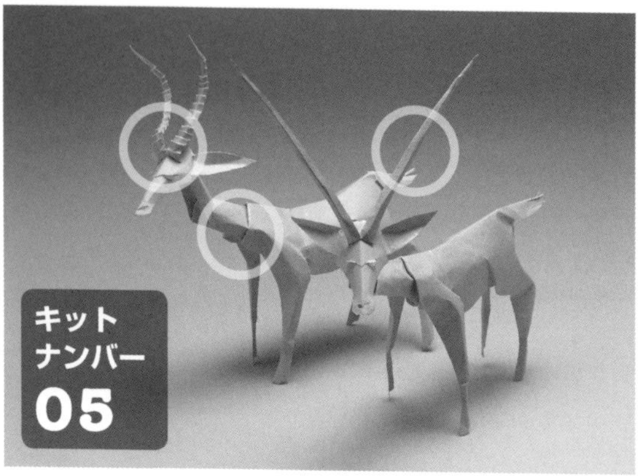


**キットナンバー05**（完成見本は17ページ）

# ガゼル

## ポイント

**1.** 裏通しで額から角を出すときに、ねじれないように気をつけましょう。

**2.** 肩を折るときには角度に気をつけてください。

**3.** 首の角度で顔の向きを決めます。

**4.** 角の重ね折りは難しいので、真っ直ぐでもOKです。

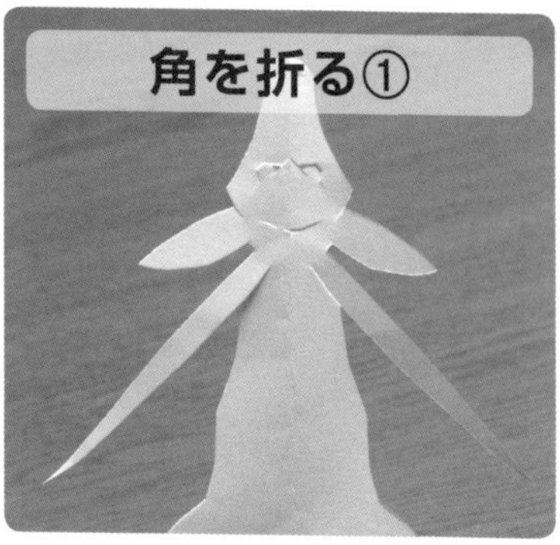


ガゼルの角を裏通しします。

切り込みの位置を確認して、角が折れないように通します。

やや八の字になればOKです。

肩の角度を作ります。

ここでは三角形ではなく、平行気味に折ります。キットのようにやや三角形でもOKです。

重ね折りで首が体から出ている感じにします。

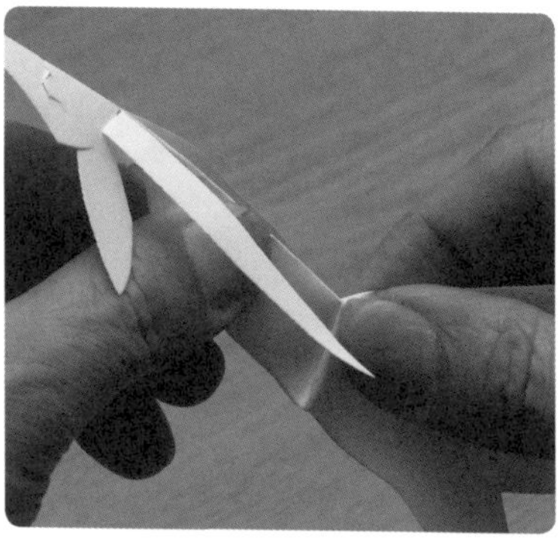

しっかり折り目をつけます。

肩の角度は後で自由に変えられます。

裏側から見たところです。

## 首を折る

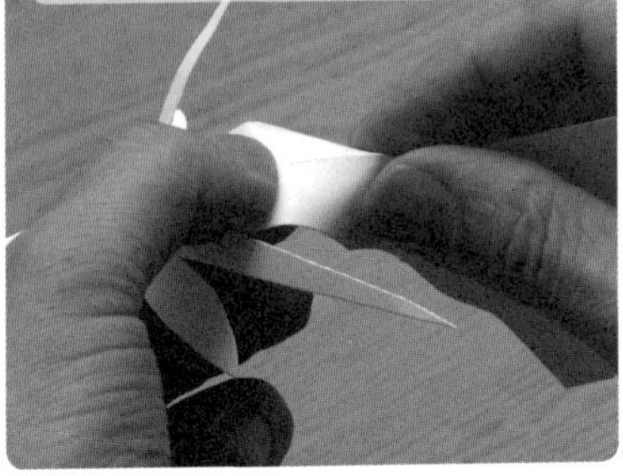

次に首を折ります。指でつまみ、

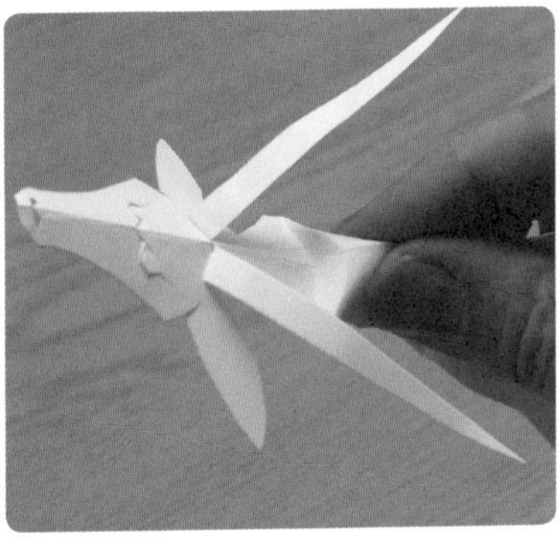

三角形を作ります。

折り込んで重ね折りにします。

上から見たところです。

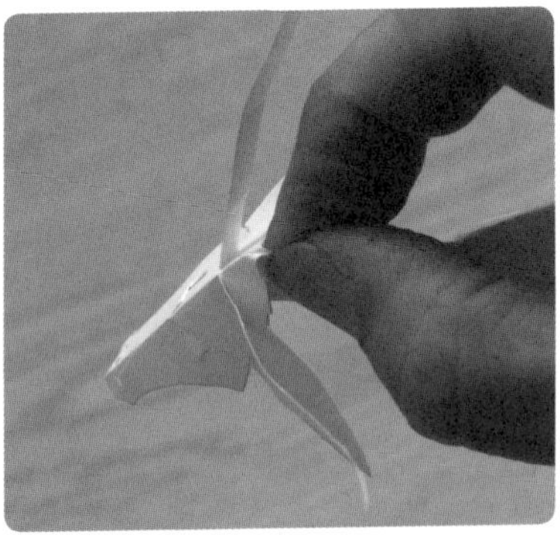

顔の根元をつまんで、顔の向きを決めます。

首と顔が完成したところです。

## 角を折る②

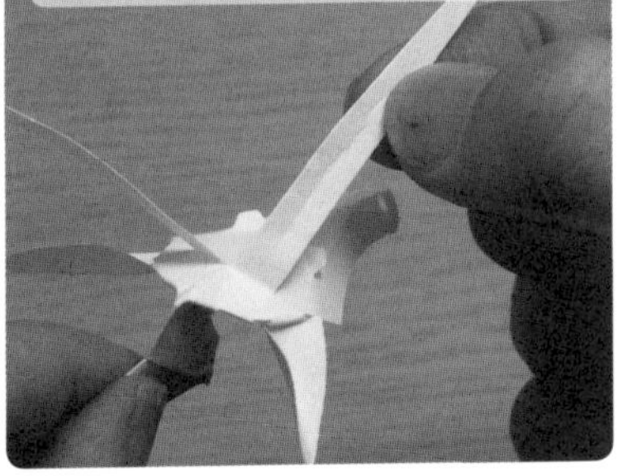

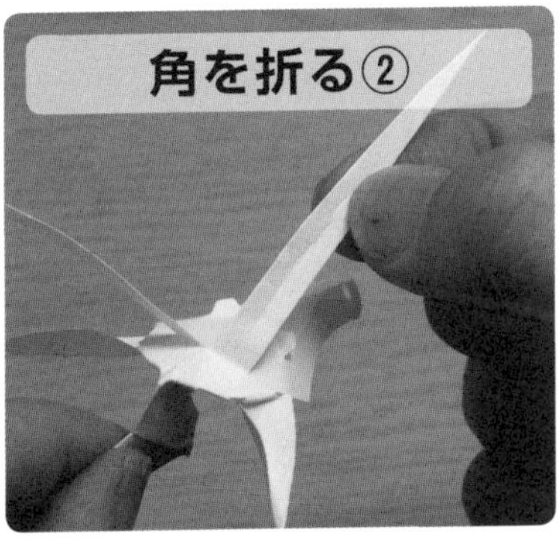

裏通しした角を折ります。簡単なのは裏から爪で真ん中に線を入れて、

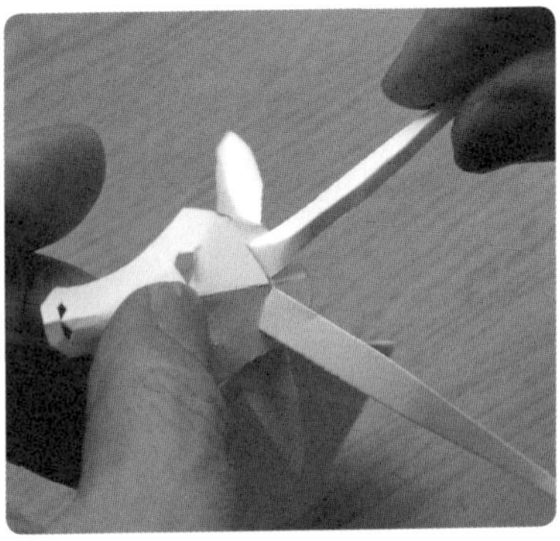

指で二つ折りにしていく方法です。

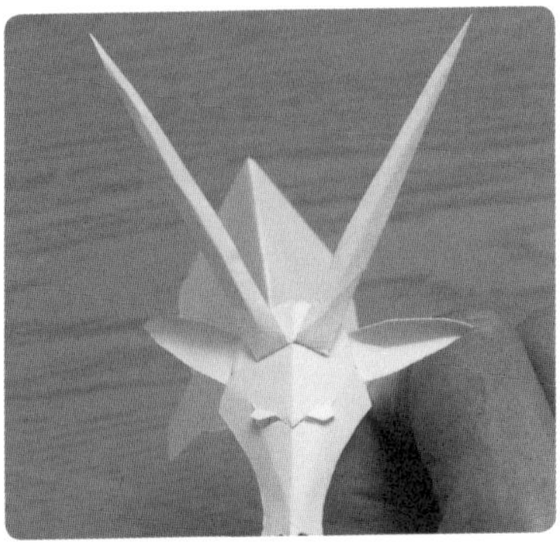

左右で形を整えて完成です。

難しいのは裏側の折り線をヒントに重ね折りをする方法です。

最後まで重ね折りが出来たら、爪で真ん中を軽く折ります。

形を整えて重ね折りバージョンの角の完成です。

**キットナンバー 06**（完成見本は 22 ページ）

# 首長竜《くびながりゅう》

### ポイント

**1.** 首と尻尾の重ね折りを丁寧に行います。首の最後の部分は逆に折ります。

**2.** 足の爪は先に裏から爪で真ん中に線を入れてから、つまんで折ると簡単です。

**3.** 顔は小さいので丁寧に折りましょう。

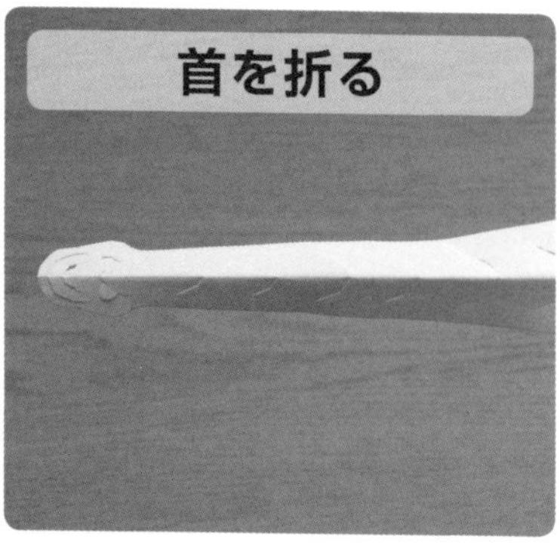


先に切り線を全部切っていることを確認します。

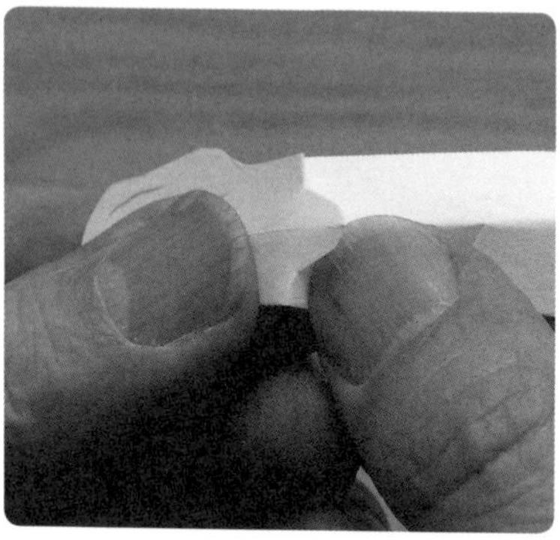

頭の方向から重ね折りにします。

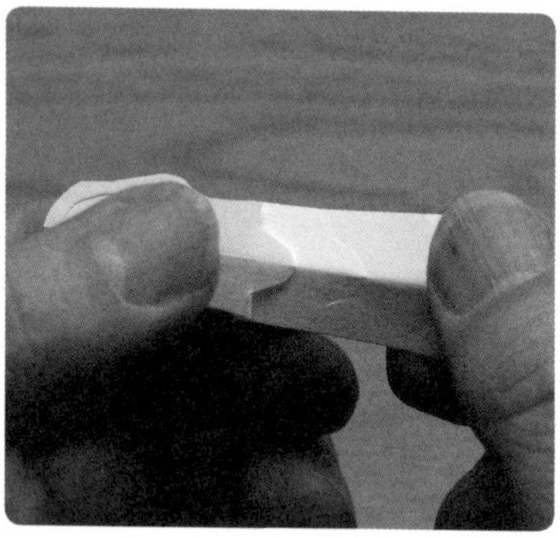

一段目が完成したところです。

続けて二段目。あまり正確に折らなくても大丈夫です。重なっていればOK。

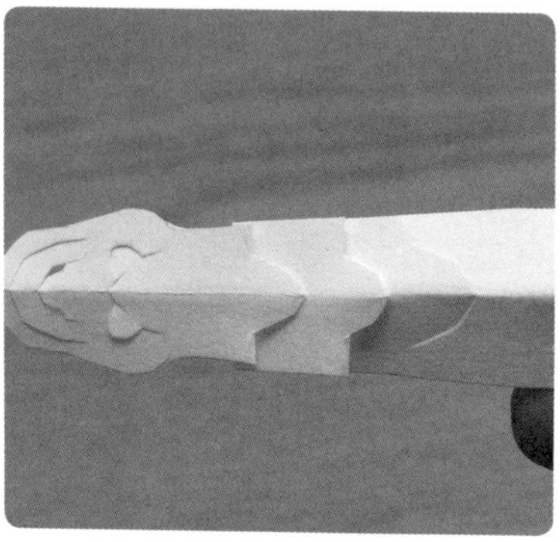

二段目を折り終わったところです。

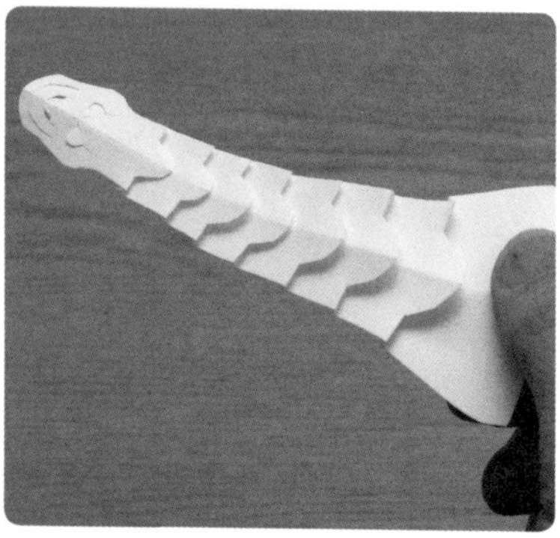

そのまま折り進めます。これでもOKですが、

キリンと同じように最後の数段を逆に重ね折りしてもOKです。

重ね折りを逆にすることで、半円が裏側に入りました。

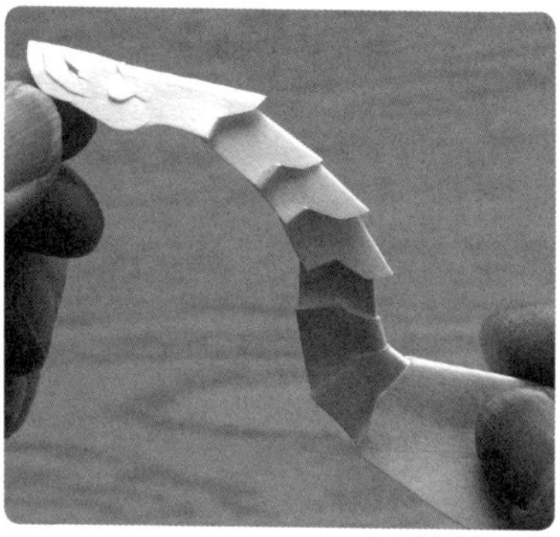

首がグッと持ち上がります。

## 尻尾を折る

尻尾も首と同じで重ね折りです。切り込みが入っていることを確認しましょう。

尻尾の先の方から折っていきます。

一段目を折ったところです。

そのまま重ね折りを続けます。難しいようなら一段飛ばしでもOKです。

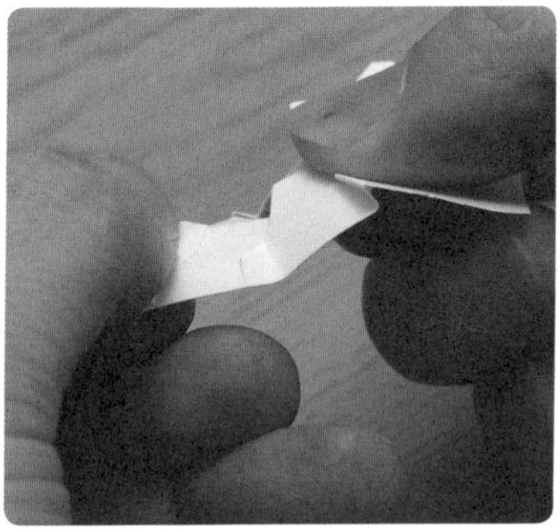

尻尾が持ち上がるように、最後の二段の重ね折りを逆にします。

裏から見たところです。

## 爪を折る

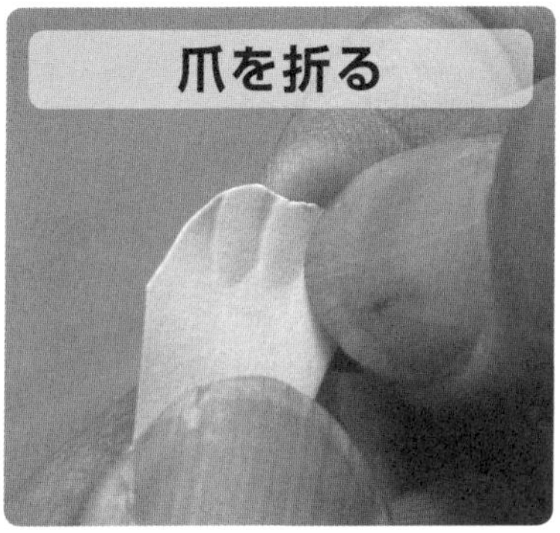

先に爪を使って折り線を作ります。

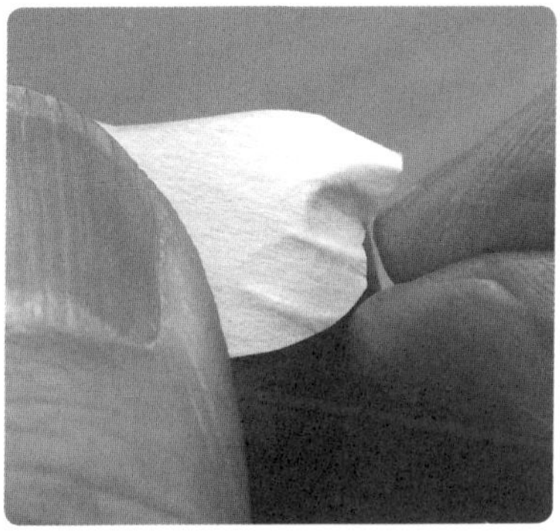

つまむようにして折っていきます。

立体感が出ればOKです。

## 顔を折る

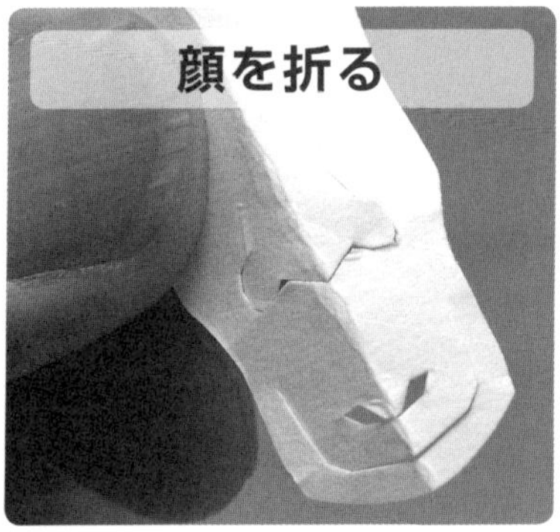

顔は小さいので丁寧に折りましょう。全ての切り線が切れていることを確認します。

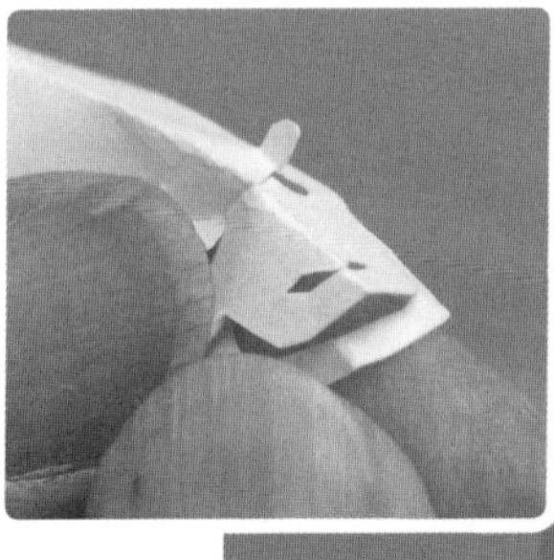

アゴを重ね折りにして、
まぶたを立てます。

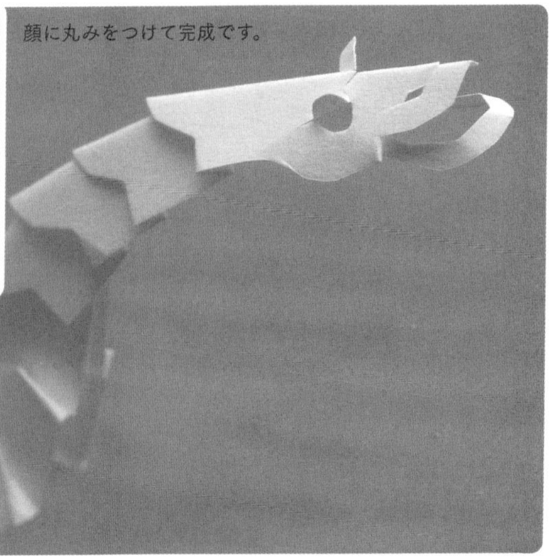

顔に丸みをつけて完成です。

## キットナンバー07 （完成見本は 23 ページ）

# ティラノサウルス

### ポイント

**1.** 口の周りを細かく折ることで顔の表情に迫力が増します。

**2.** 尻尾の重ね折りは丁寧に、根元の2つを逆に折ることで、尻尾が持ち上がります。

**3.** 爪の根元は重ね折りで感じを出します。

**4.** 足は骨と関節を意識して、最後に足首を90度捻って、前に向けることを忘れずに。捻ることで二本足で立ちます。

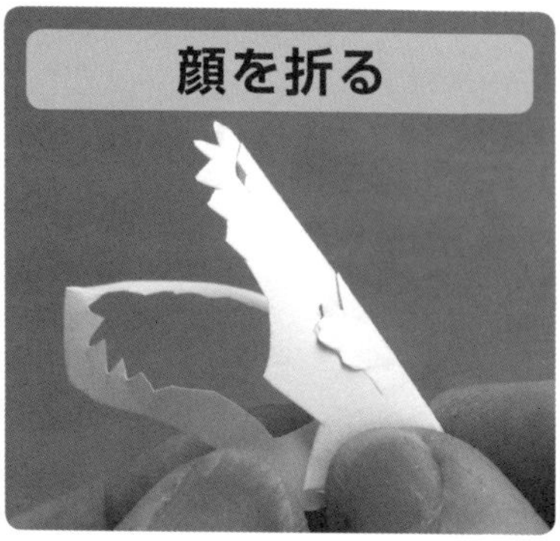

アゴを重ね折りで口を開かせます。

まぶたを起こします。

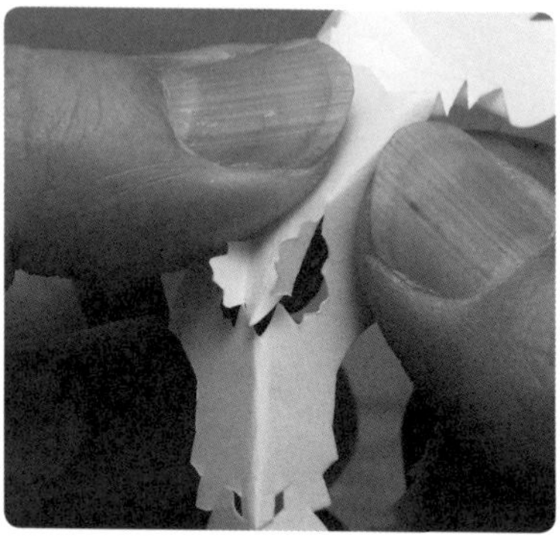
目から首にかけて形を整えます。

顔が完成しました。これでもOKなのですが、ここでは歯の折り方を紹介します。

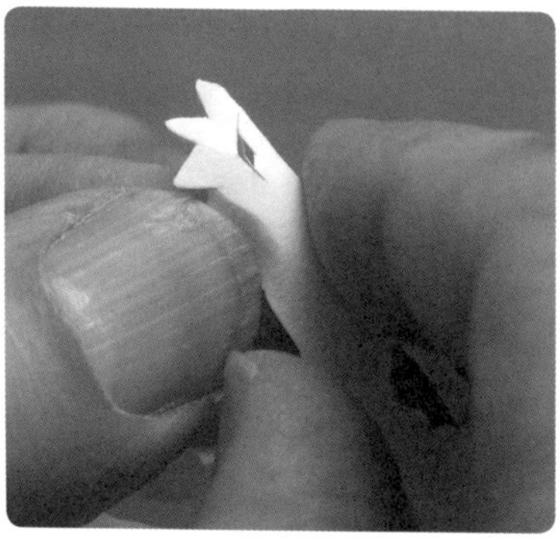
爪で上の歯の根元を折り込みます。

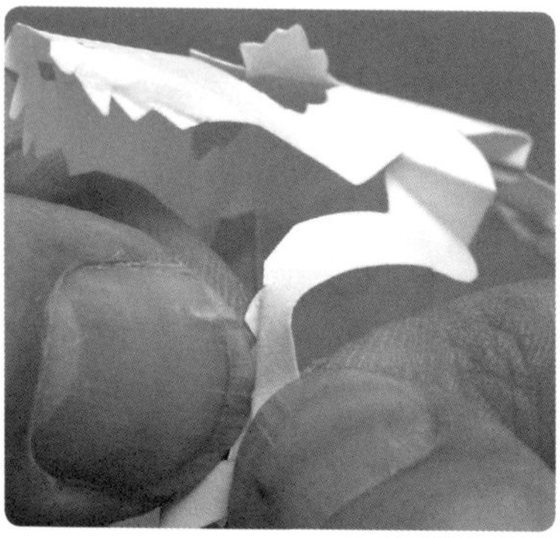
同じように下の歯も折り込みます。

グッと歯にリアリティーが増しました。

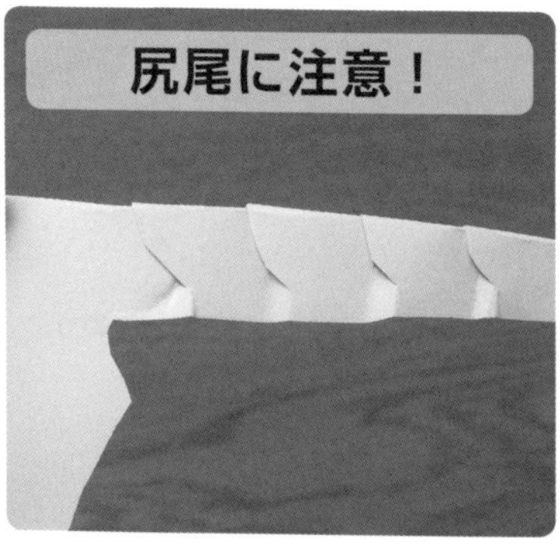

尻尾は重ね折りですが、根元は折りを逆にします。こちらは逆になっていない場合です。

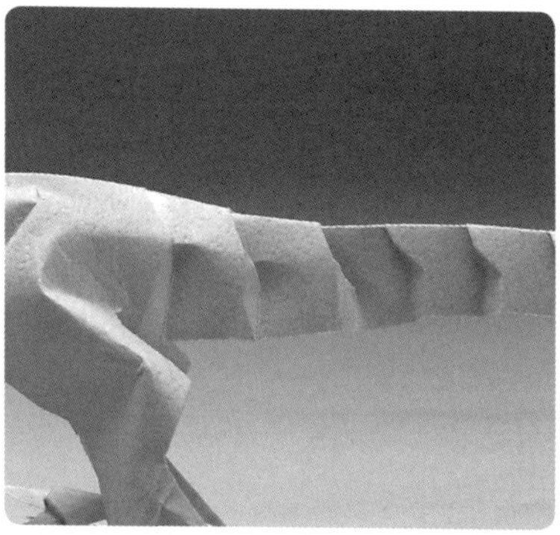
こちらは逆にした場合です。グッと尻尾が持ち上がっているのが分かります。

## 爪を折る

爪を折っていきます。

まずそれぞれの爪の根元を重ね折りにします。

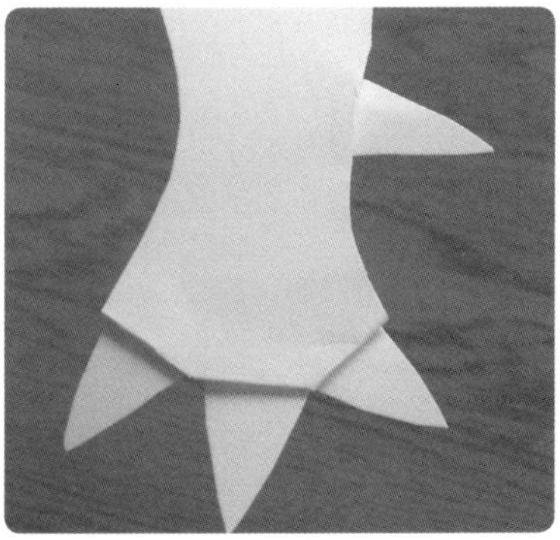

爪が体から生えているようになりました。

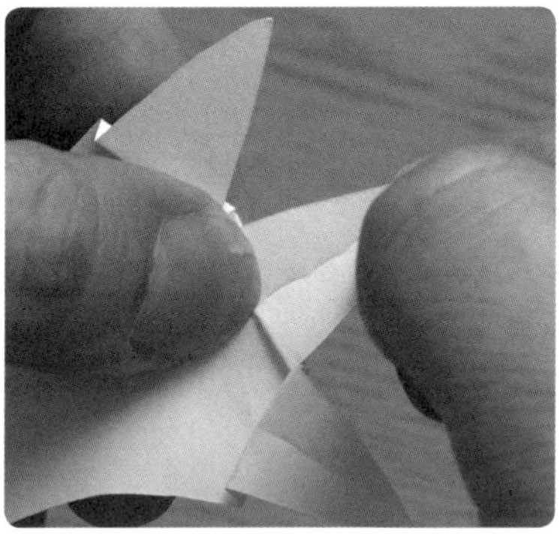

爪の真ん中に自分の爪で線を入れて、

指でつまんで丸みをつけていきます。

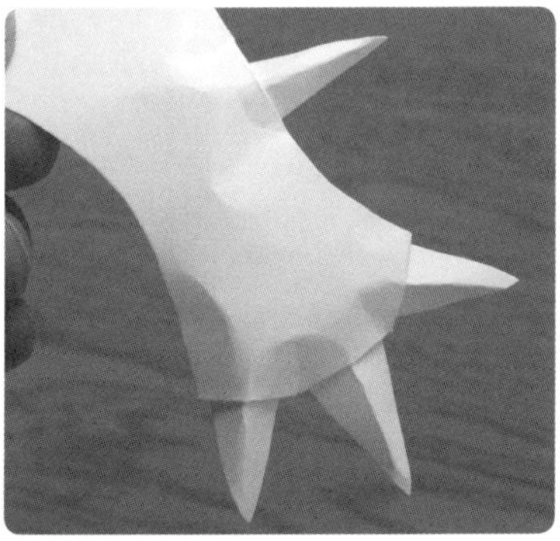

爪だけではなく根元にも丸みをつけることでリアリティーが増します。

## 足を折る

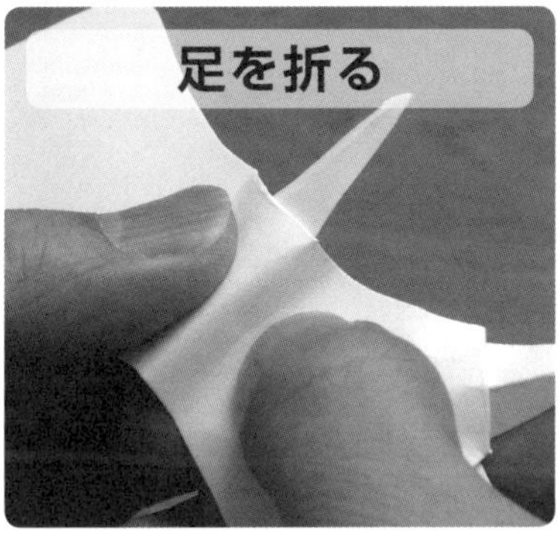

足首を重ね折りにします。

重ね折りの上から足を丸く折っていきます。

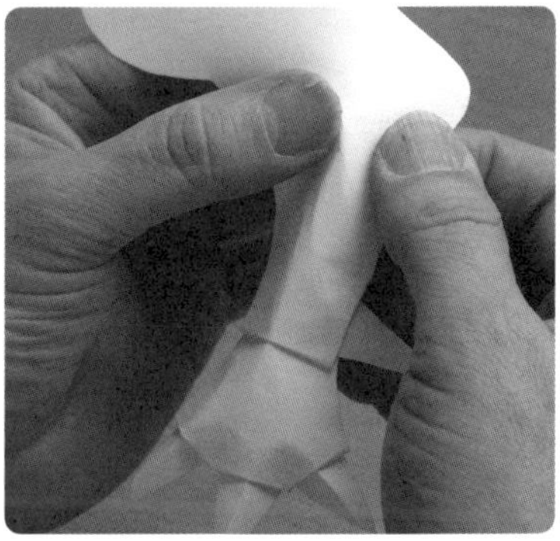

骨や関節を意識して、真っ直ぐ折らないようにしましょう。

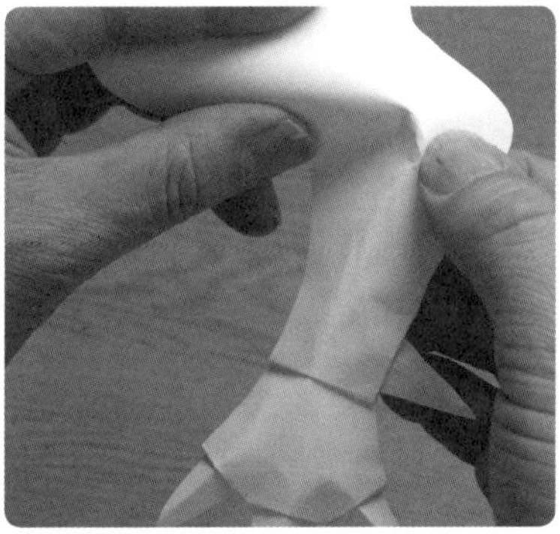

腿の肉感は柔らかく折ることで出ます。

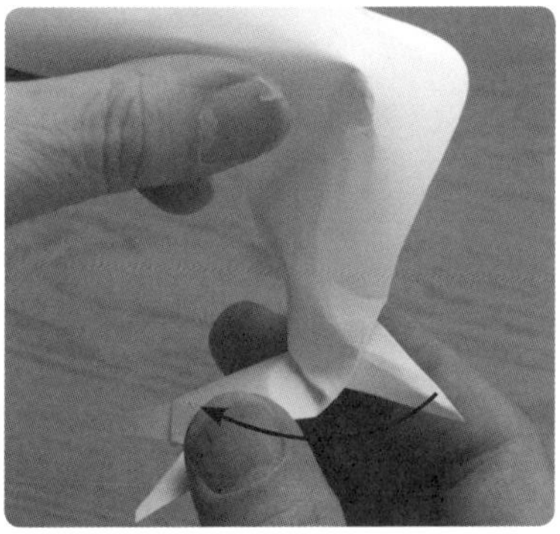

最後に足先を前に向けます。これが立たせるための大事なポイントです。

前の爪と、後ろの蹴
爪でしっかり立つこ
とが出来ます。

キットナンバー08 (完成見本は24ページ)

# ラプトル

## ポイント

**1.** 前足は丸く細く折ります。

**2.** 前足の爪は重ね折りで生えているようにした後で指でつまんで細くして、最後に先端を折るとリアルになります。

**3.** ラプトルの特徴の鍵爪は丸みをつけて折ります。最後に足首を90度前に捻ってください。

顔や首はティラノサウルスと同じです。

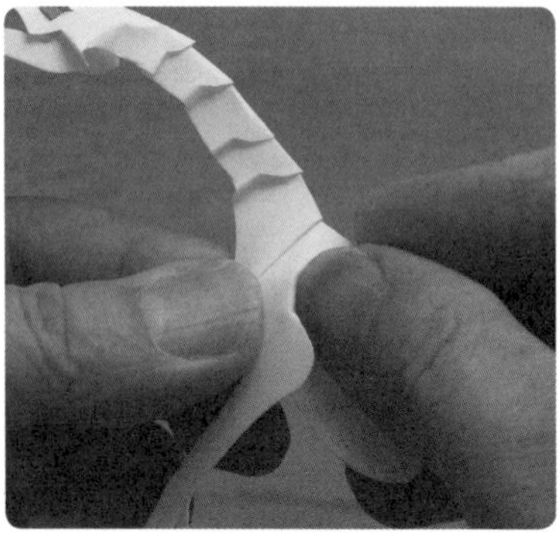

前足の根元を折り込みます。

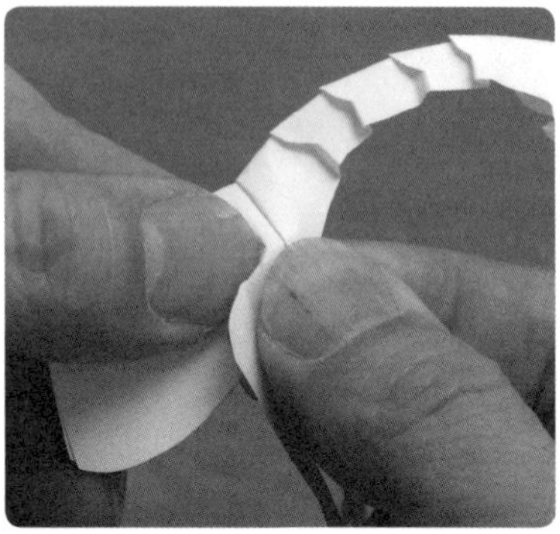

体を潰さないように、前足と体が重なるように折るのがポイントです。

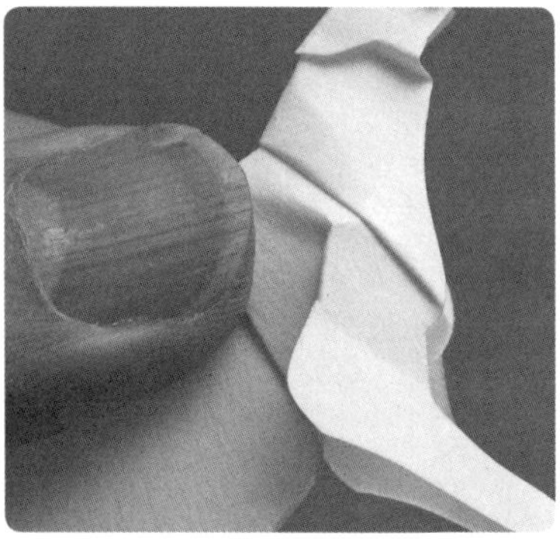

一枚の紙ですが、重なりで立体感が出ました。

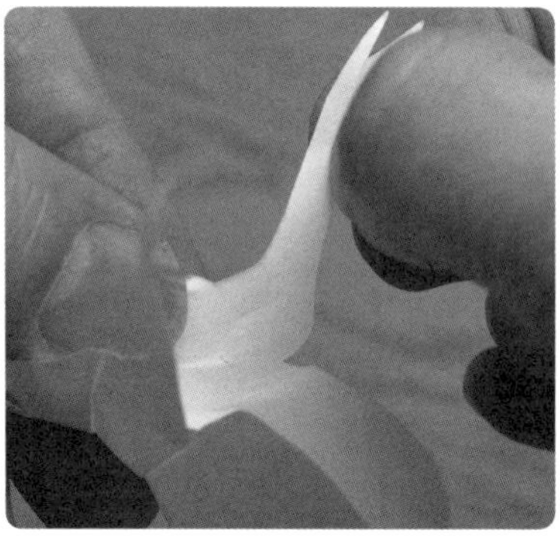

腕の真ん中を爪で折っていきます。

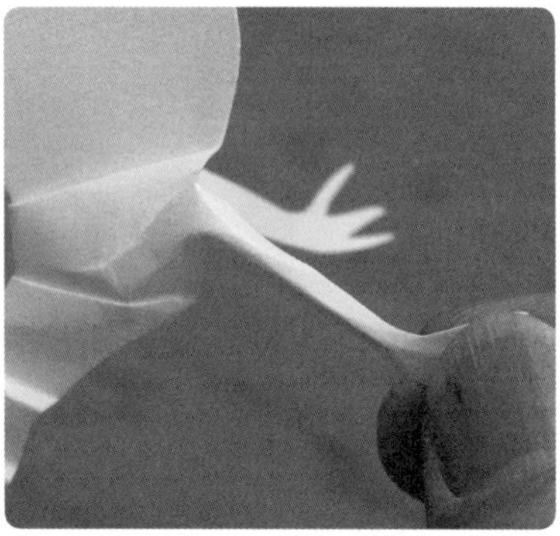

丸くなるように折りましょう。

小さな爪を折っていきます。

ティラノサウルスと同じように重ね折りにします。

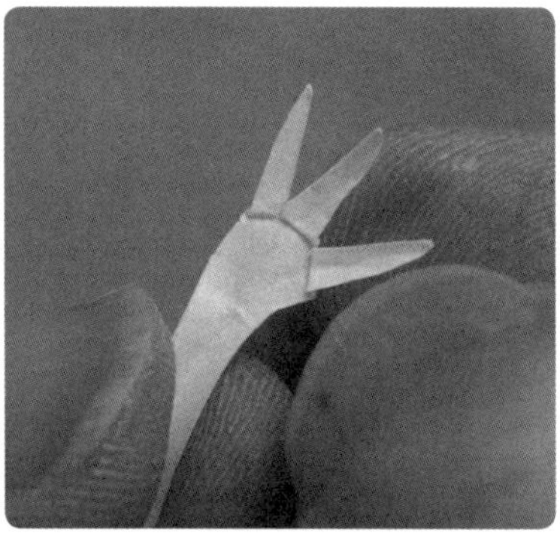

重ね折りが終わったところです。次に爪の真ん中に爪で折り線を入れます。

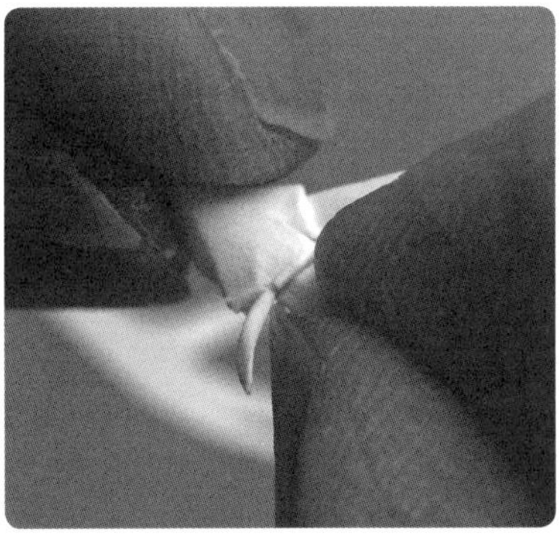

指でつまみ丸めます。

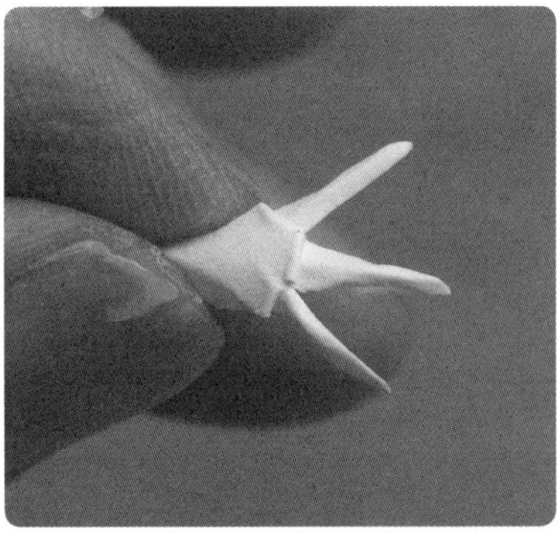

細くシャープになりました。これでも充分ですが、さらに爪先を折っても良いでしょう。

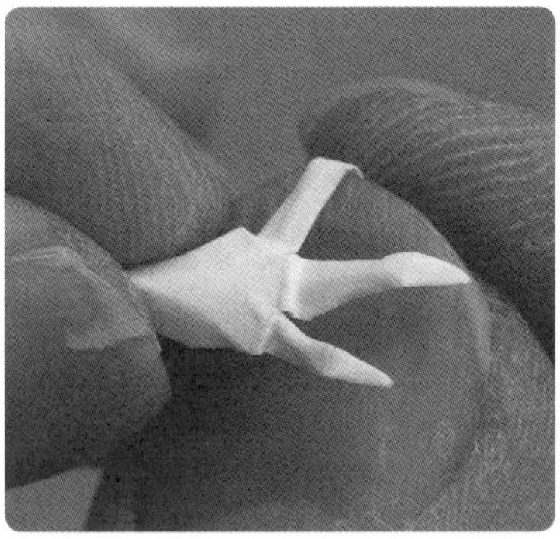

小さいので指先を使って行います。

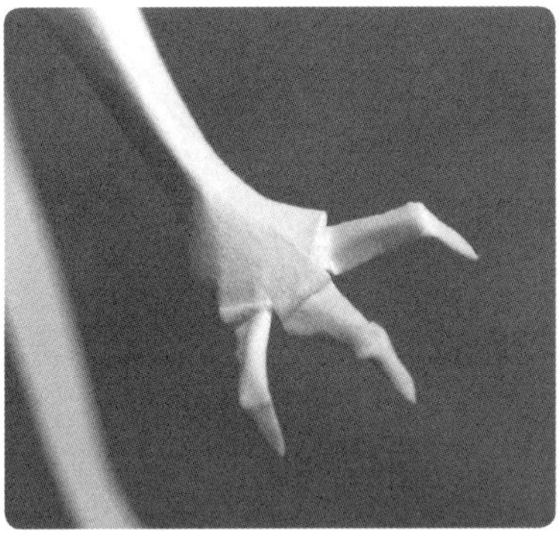

爪先が曲がって鍵爪になりました。

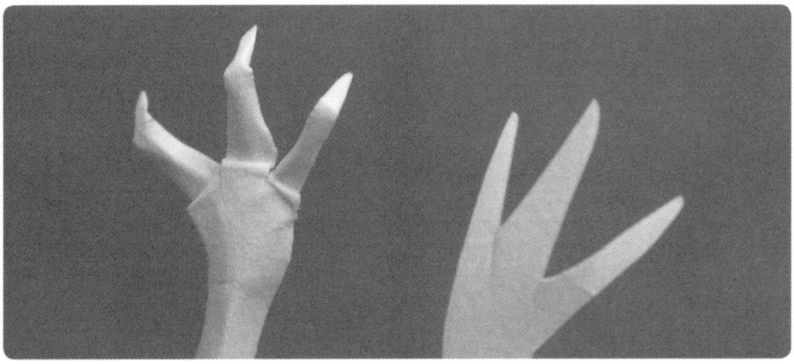

折る前と比べると違いは一目瞭然です。

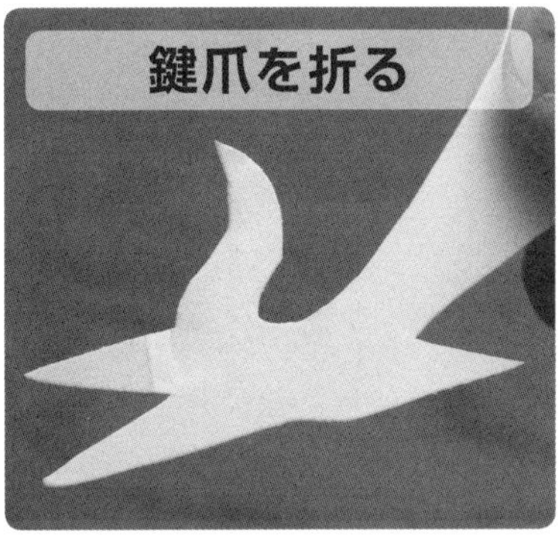


ラプトルの特徴、鍵爪を折ります。

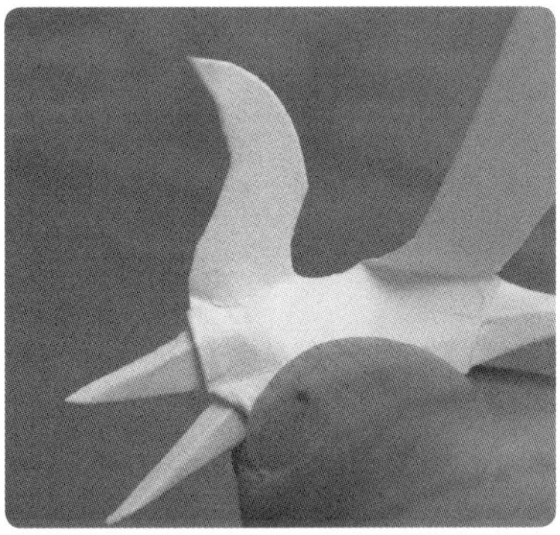

他の爪はティラノサウルスと同じように折ります。

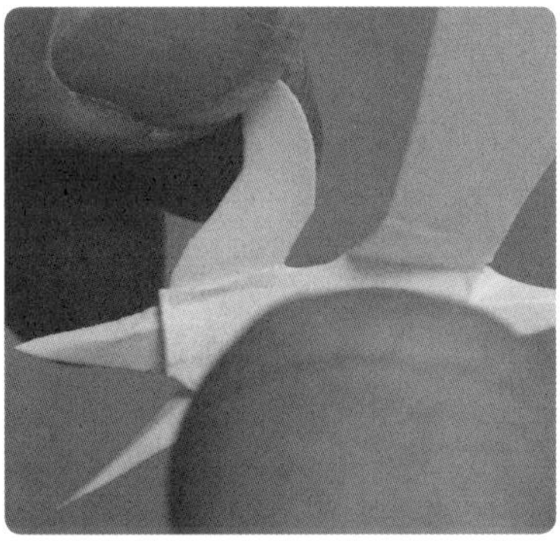

最後に鍵爪を折ります。

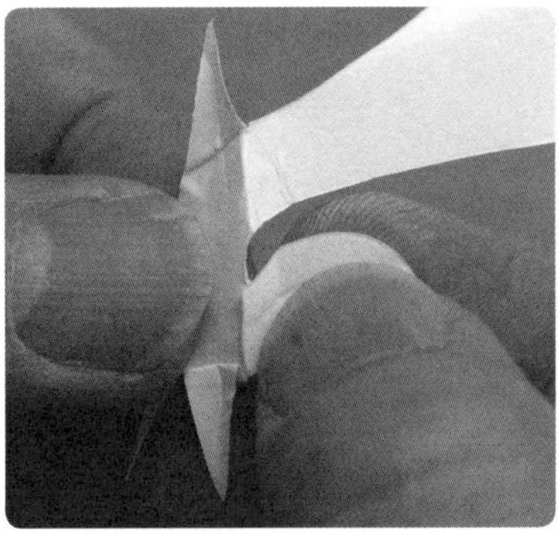

先に爪の真ん中に折り線を入れて、爪に丸みをつけます。

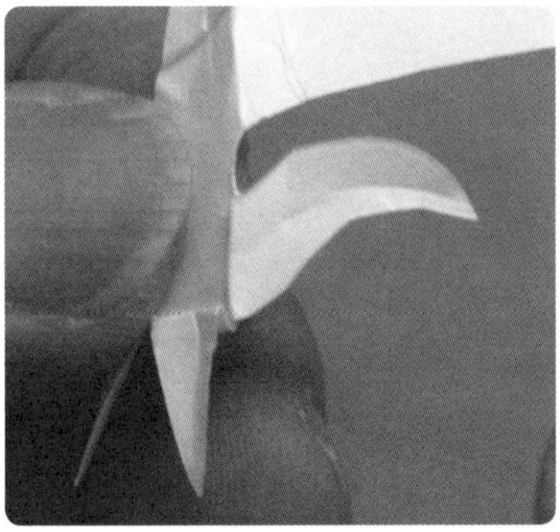

根元を重ね折りにします。

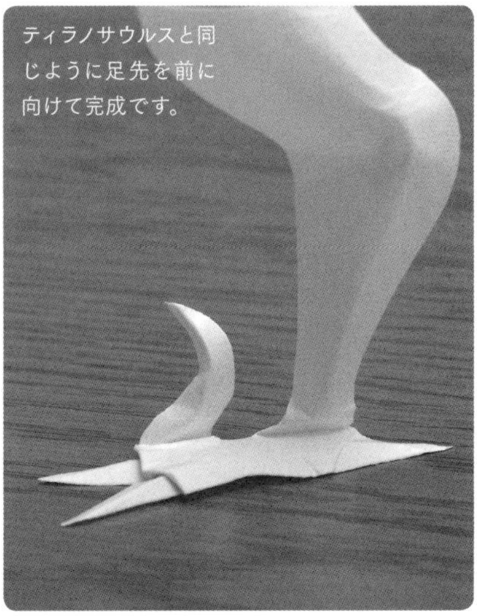

ティラノサウルスと同じように足先を前に向けて完成です。

**キットナンバー09**（完成見本は25ページ）

# トリケラトプス

## ポイント

**1.** 頭の先の小さい角は裏で止めます。

**2.** 大きな二本の角を裏通しするときに、方向を間違えないように気をつけましょう。引き出した後で丸みをつけてください。

**3.** 襟巻きに頭を留めるときには、裏から抜けないように留めます。また襟巻きの周りがだぶつかないように、周りをしっかり折りましょう。

全ての切り線が切れていることを確認します。

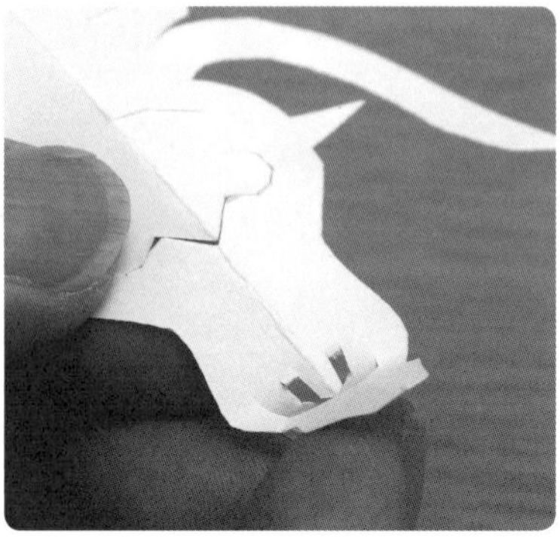

頭の先の角を起こします。

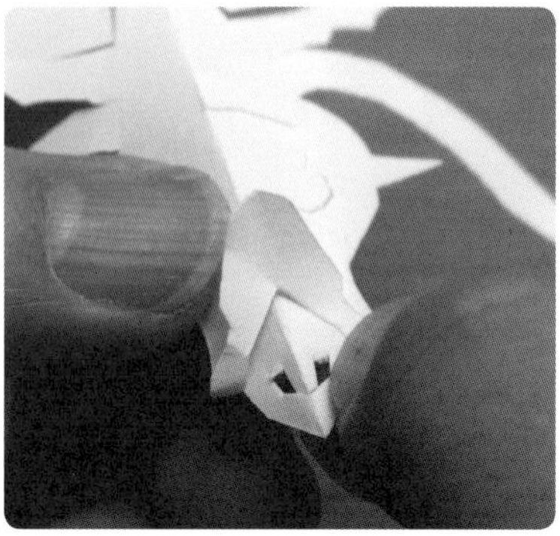

根元をしっかり折ります。

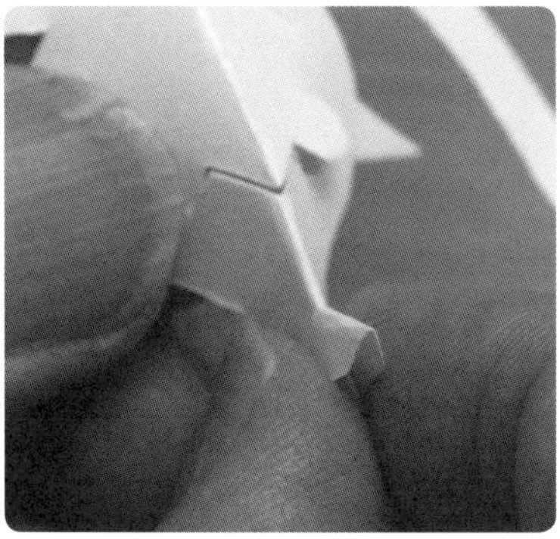

つまんで形を整えます。

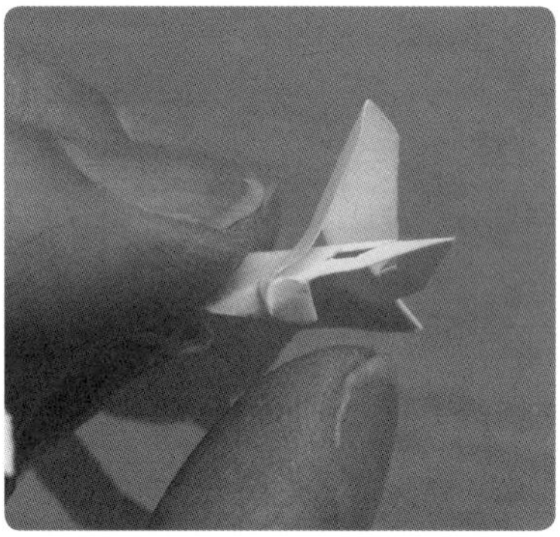

角の根元を裏側へ折り込みます。

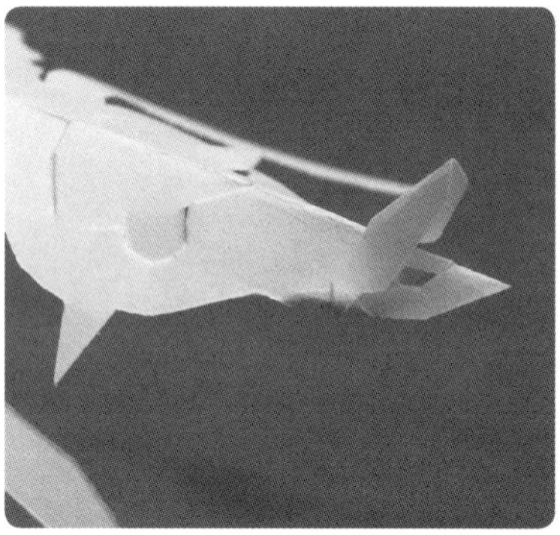

小さい角が完成しました。

次に大きな角を作ります。切り込みから裏通しします。

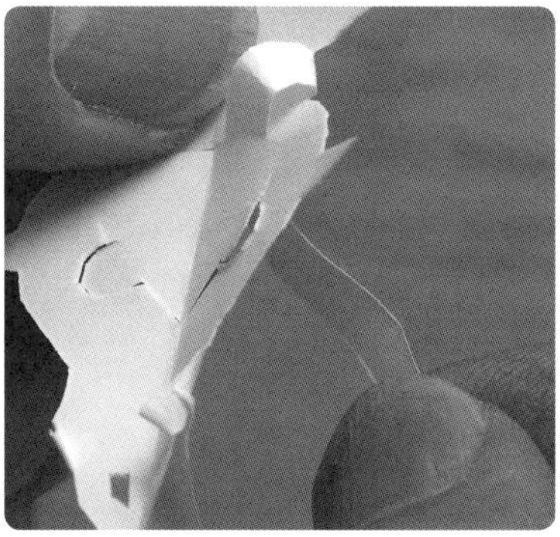

裏通ししたところです。

正面から見たところです。

角の真ん中に爪で折り線を入れます。

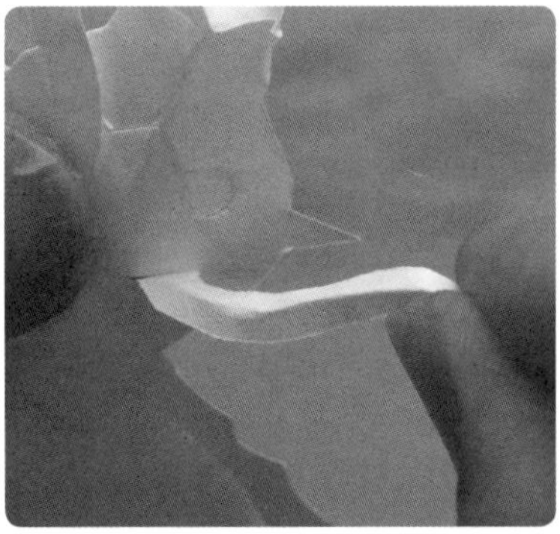

丸くなるように形を整えます。

顔の横にある角を重ね折りにして、まぶたを起こして顔の完成です。

## 襟巻きを折る

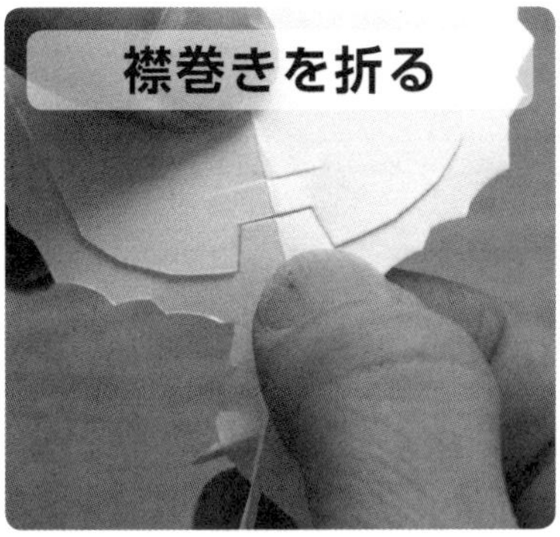

首元に切り込みが入っていることを確認します。

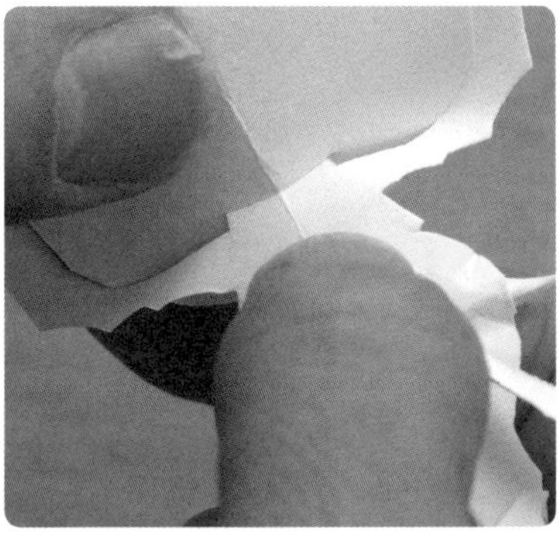

根元を切り線に差し込みます。ここは（表から裏）です。

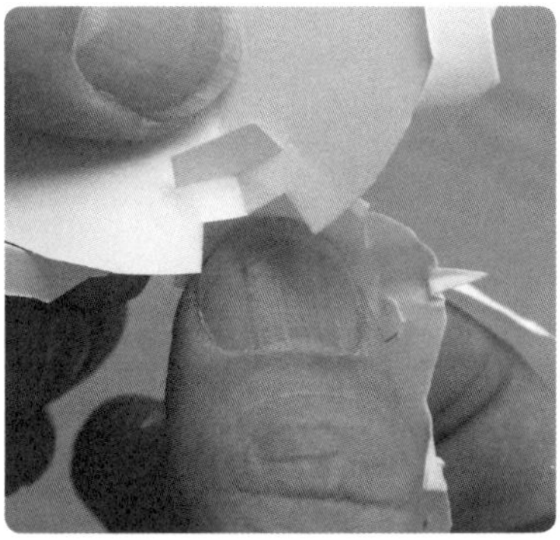

裏側から見たところです。

飛び出してきた首の差し込みを折りたたんで外れないようにします。

表側から見たところです。顔が起き上がりました。

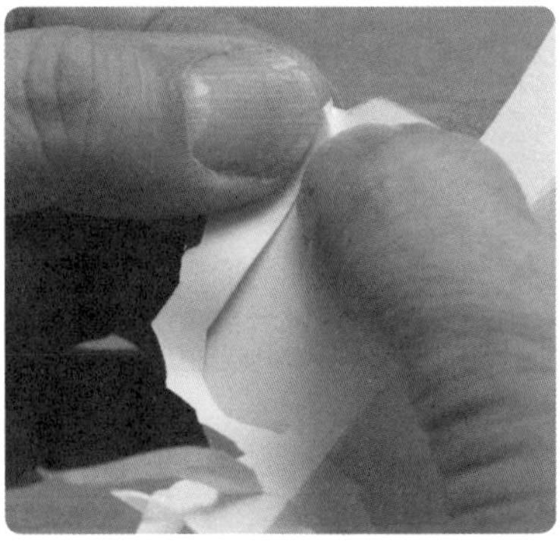

襟巻きを折っていきます。爪先を使って折り込んでいきます。

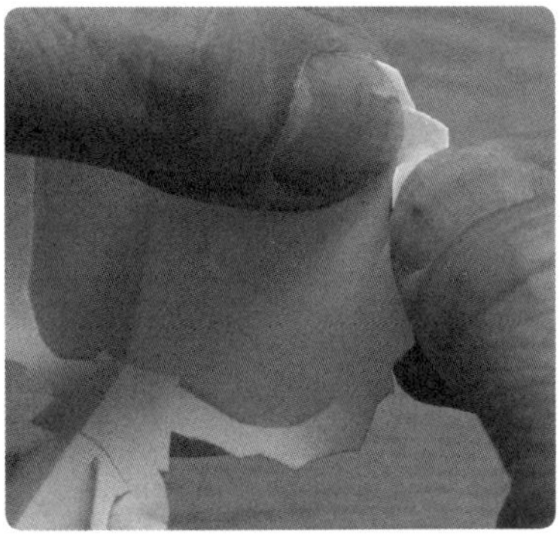

左右同じように行い、襟巻きがだぶつかないようにしましょう。

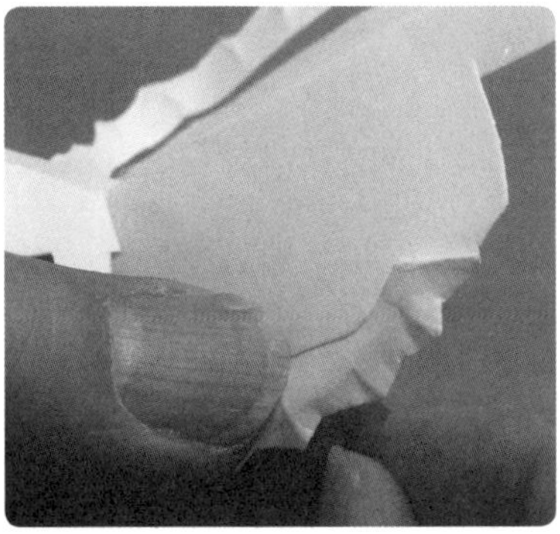

爪先でつまみ、しっかり折り線を入れます。

顔が完成しました。

**キットナンバー 10**（完成見本は 26 ページ）

# ケツァルコアトルス

## ポイント

**1.** 首は最後の重ね折りで、顔の角度が決まります。

**2.** コアトルスの難しさは、翼の中に骨を表現するところです。下から指を当てて、上からつまむようにして膨らみを出します。

**3.** 爪は自分の爪を使って折ります。

**4.** 後ろ足は真ん中に爪で筋を入れて丸く折り、その続きで、羽根の中の体をイメージして折ります。

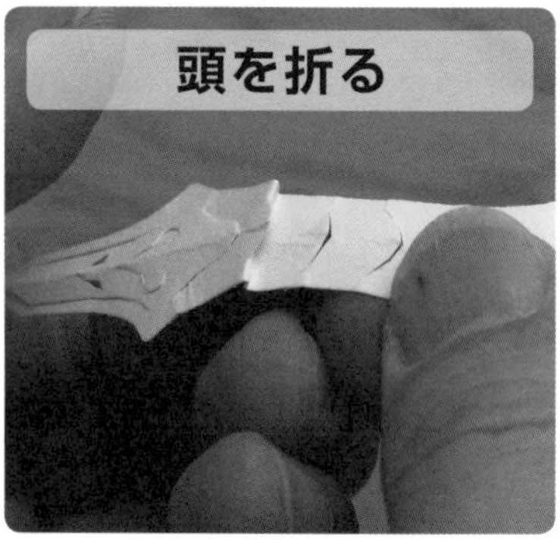


首は首長竜などと同じ重ね折りです。

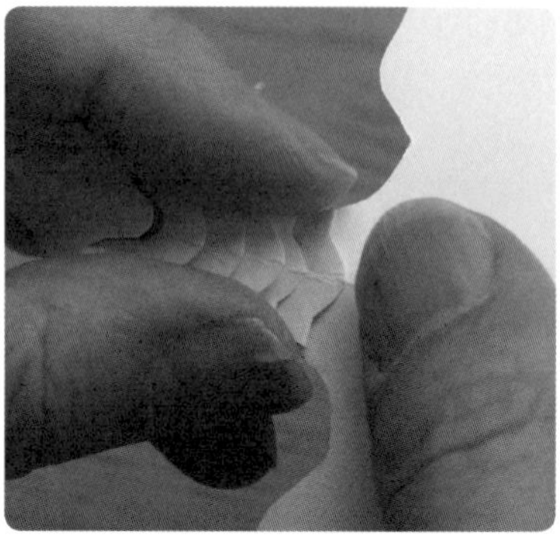

首の根元の最後を重ね折りするかしないかで、首の角度が変わります。

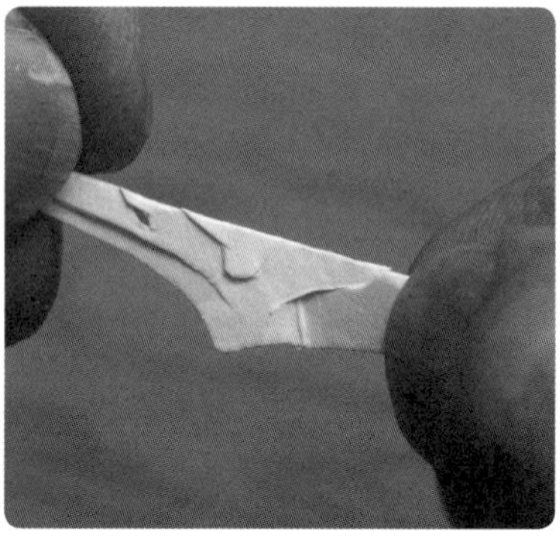

顔の角度を調節します。

首の根元を重ね折りにします。

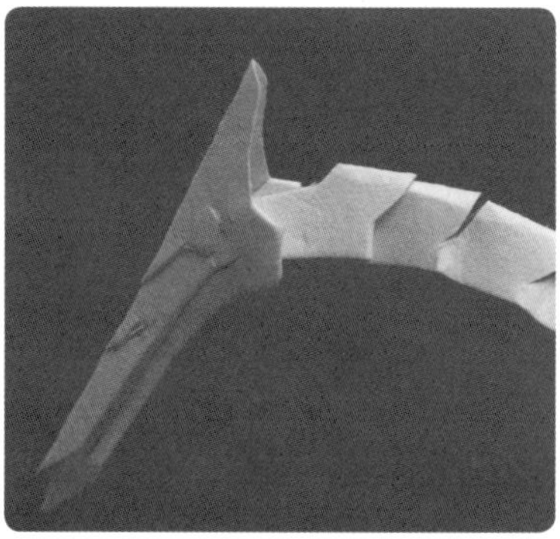

頭の完成です。重ね折りで角度を調節してください。

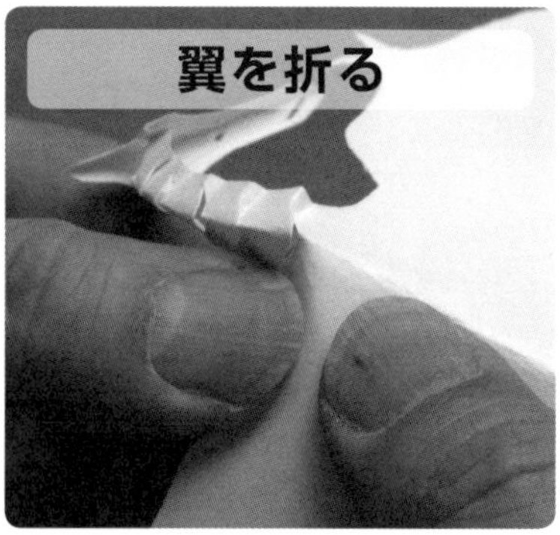


翼を折っていきます。翼の中にある骨を意識して折るのがポイントです。

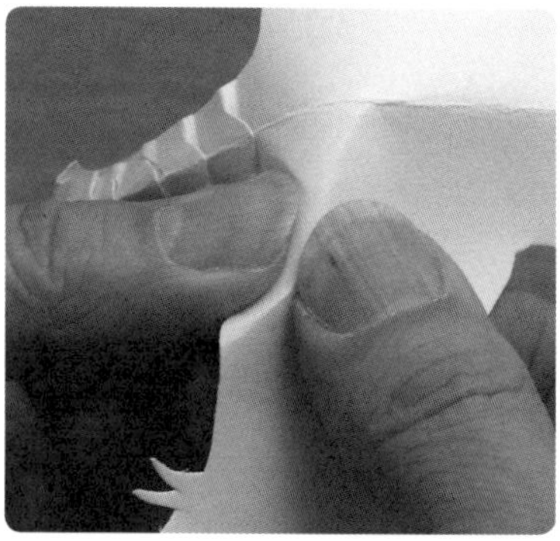

指で丸みをつけるように折ります。完成写真をよく見て折りましょう。

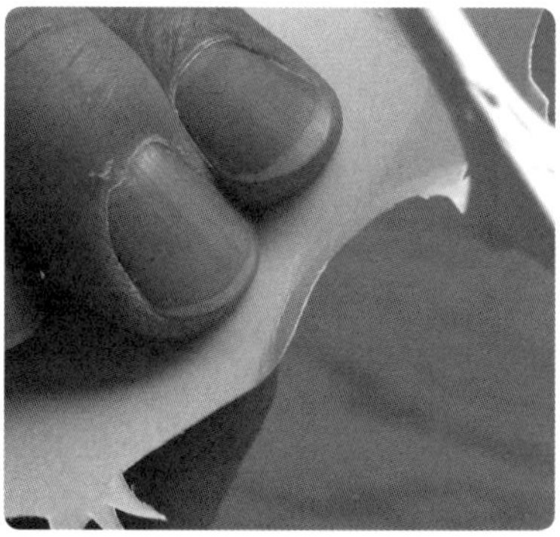

裏から見たところです。柔らかく折っていることが分かります。

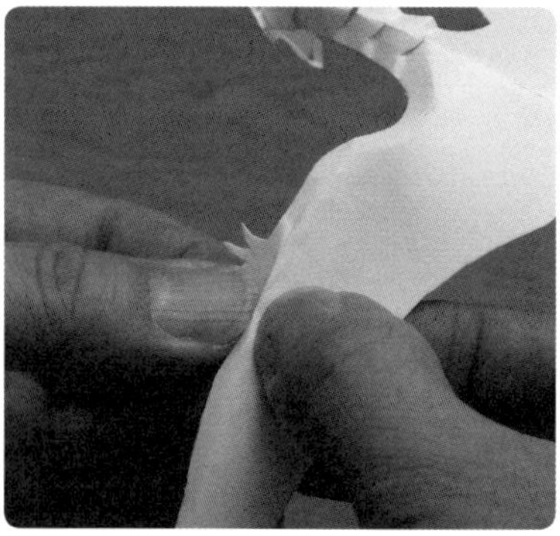

手の部分を折ります。

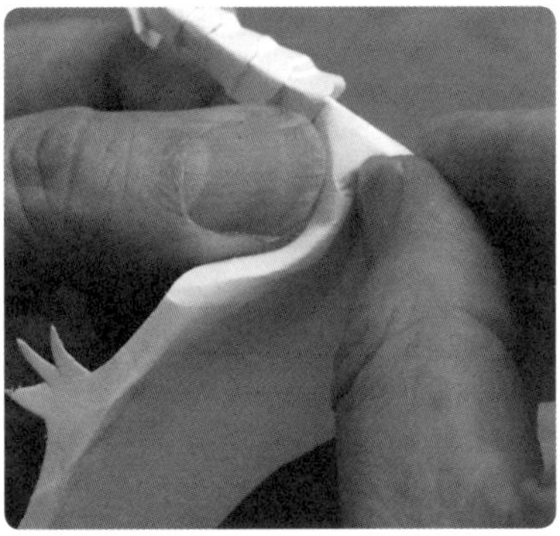

段々と折り目を強くしていきます。体の位置をイメージして折ります。

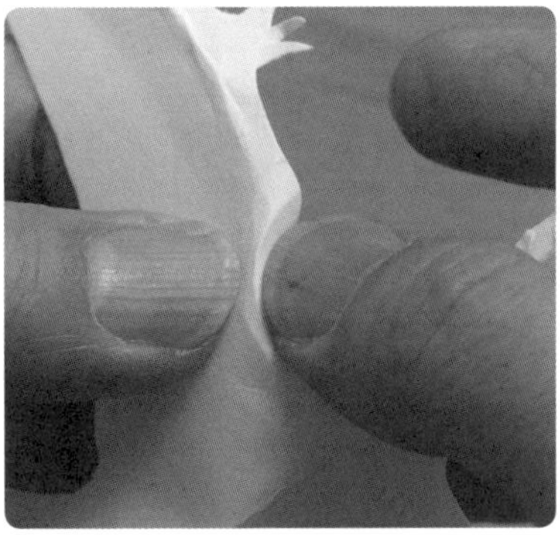

真っ直ぐではなく体があることを意識して根元は太く折ります。

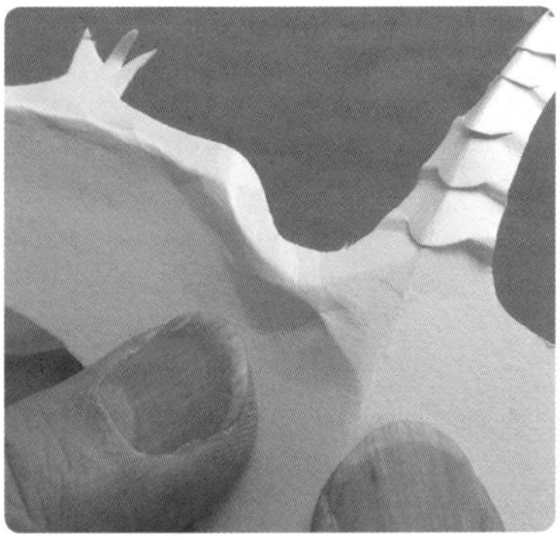

体と内側にある骨が感じられます。

## 爪を折る

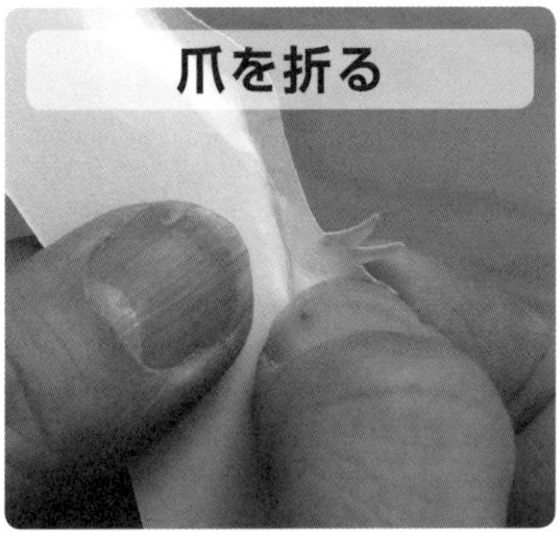

翼から出ている手は爪で折ります

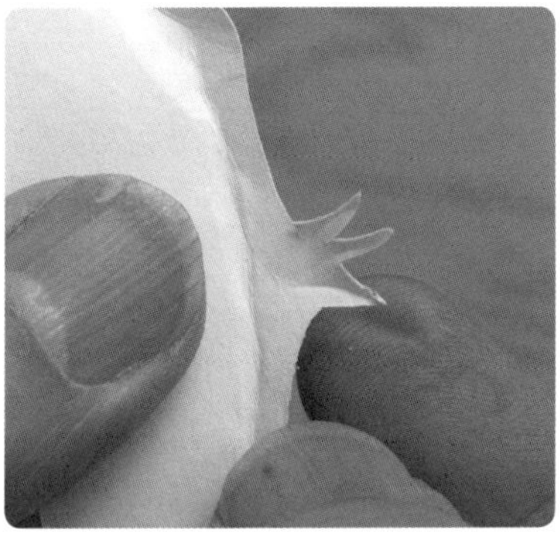

折り終わったところの裏側です。

表から見たところです。

## 後ろ足・体を折る

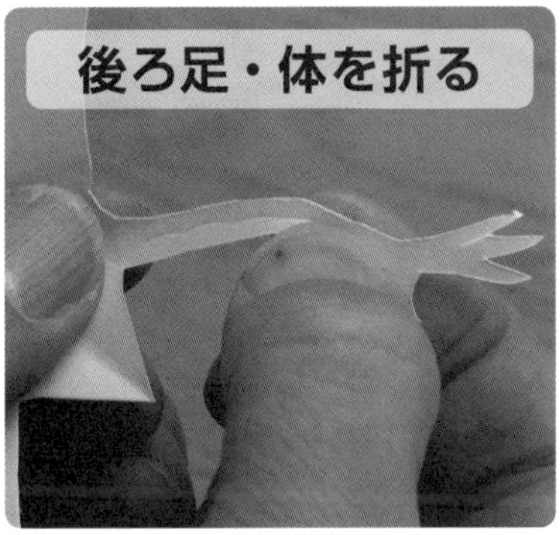

細い後ろ足は爪で真ん中に線を入れるようにして丸く折ります。

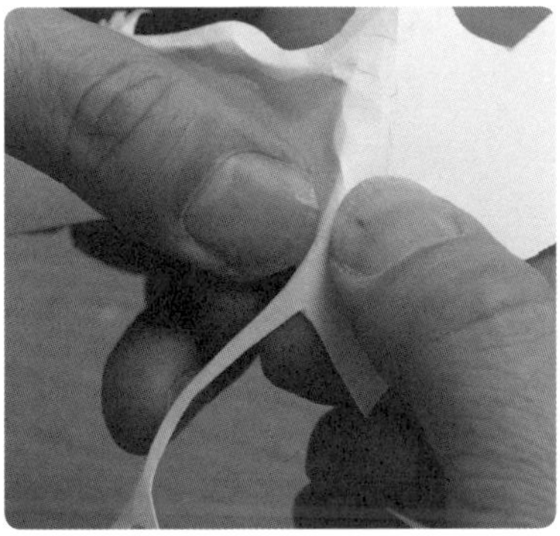

足から体への繋がりをイメージして折ります。

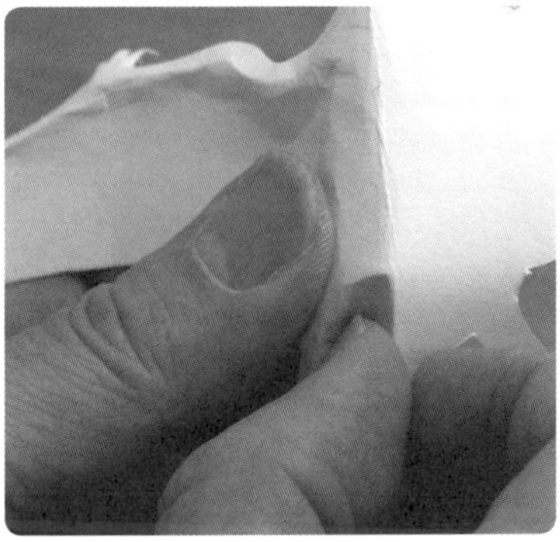

付け根を折り込むことで体から出ている感じを出します。

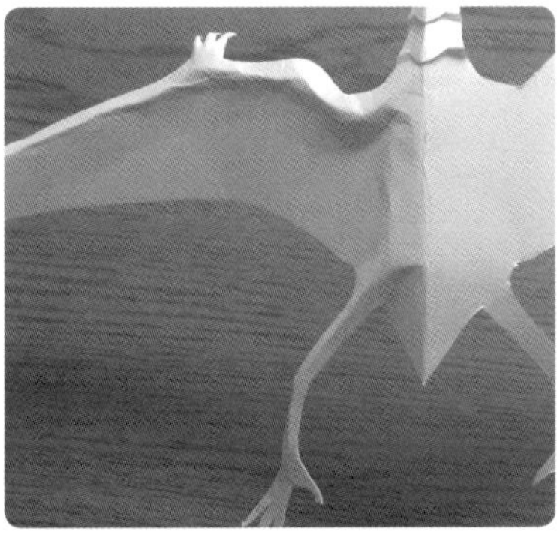

翼の中に隠れている体が感じられればOKです。

最後に後ろ足の爪を重ね折りで折っていきます。

左半分の折りが終わったところです。反対側も同じように折ります。

## キットナンバー 11 （完成見本は 30 ページ）

# 蝶《ちょう》

### ポイント

**1.** 丸まった口は、爪でしごいて丸みをつけてから調節します。

**2.** 体は先に大きく折って頭の位置を決めた後で、お腹を重ね折りします。

**3.** 足先を丁寧に折るとしっかり留まったように置けます。

**4.** 蝶だけは体が谷折りではなく、山折りになります。

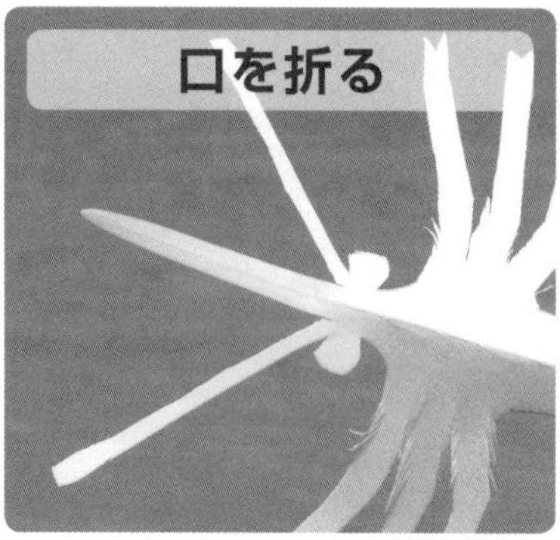


蝶の口を折ります。足の付け根の毛などは事前に切っておきましょう。

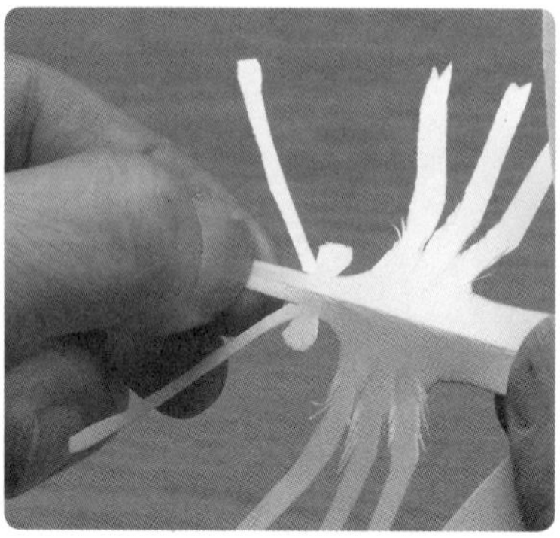

口の丸みは指と爪で挟んで強く擦って作ります。表裏を確認してから行いましょう。

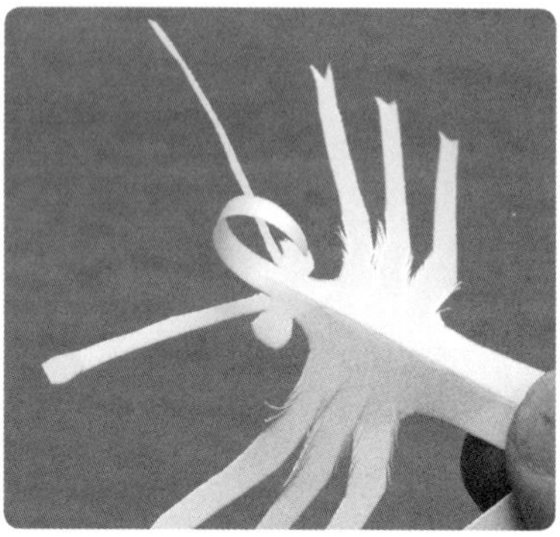

擦り終わったところです。丸みがつきました。

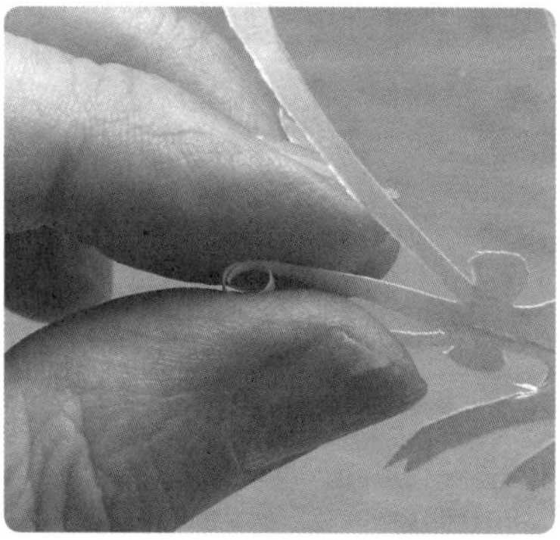

さらに形を整えて、

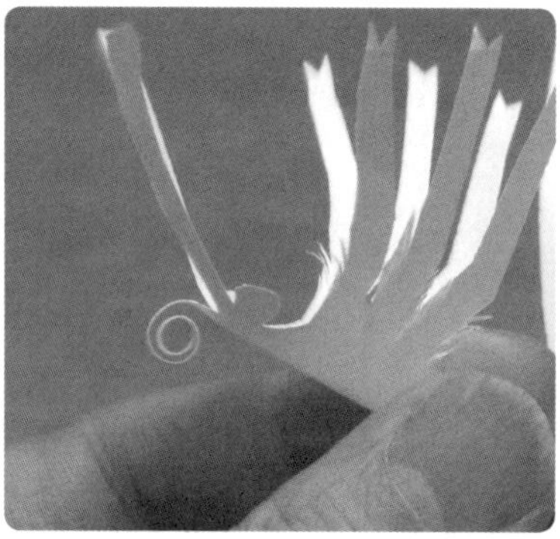

蝶の口が完成しました。

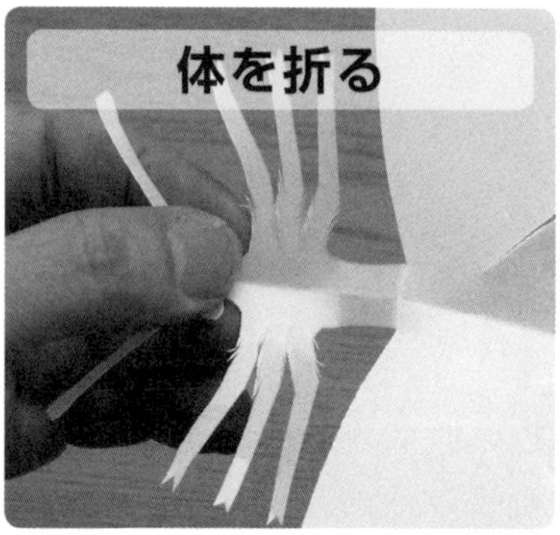


体を羽根の下に折り込みます。

顔だけが羽根から出るようにします。

次にお腹を重ね折りにします。

小さいサイズのものは折りを少なくしてもOKです。

重ね折りが終わったところです。

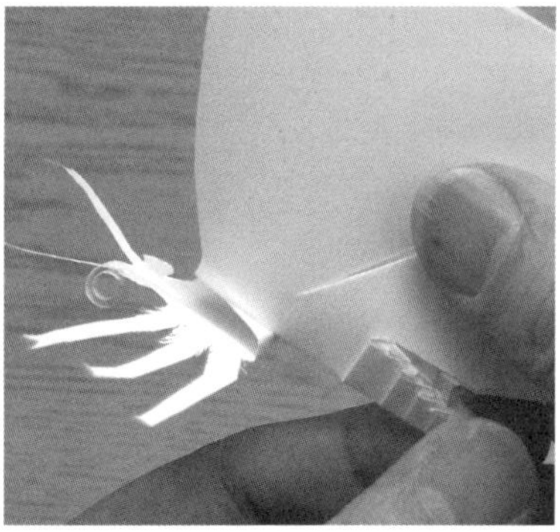

全体を山折りにします。体の位置などを確認しましょう。

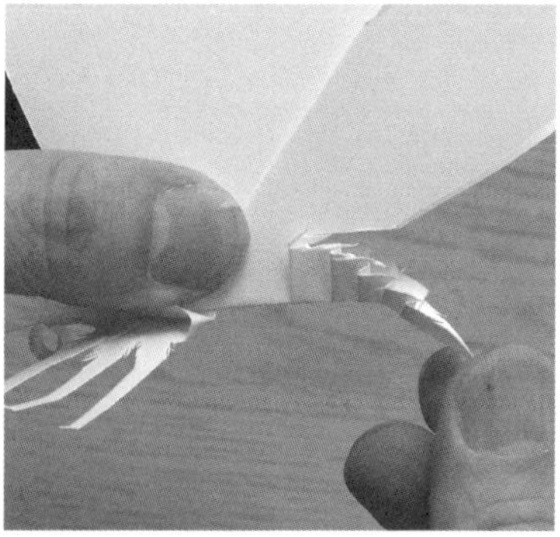

重ね折りを少し伸ばして角度をつけてお腹の完成です。

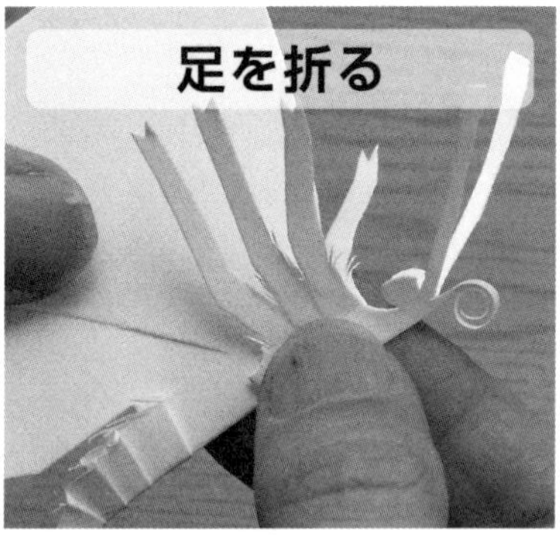


足と胴体を一度、羽根方向へ折ります。

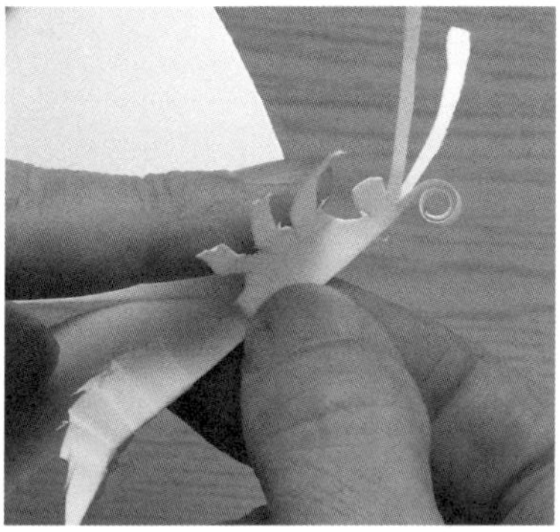

今度は足だけを下へ折り返します。

折り返したところです。

足先を折っていきます。

揃えて折ると良いでしょう。

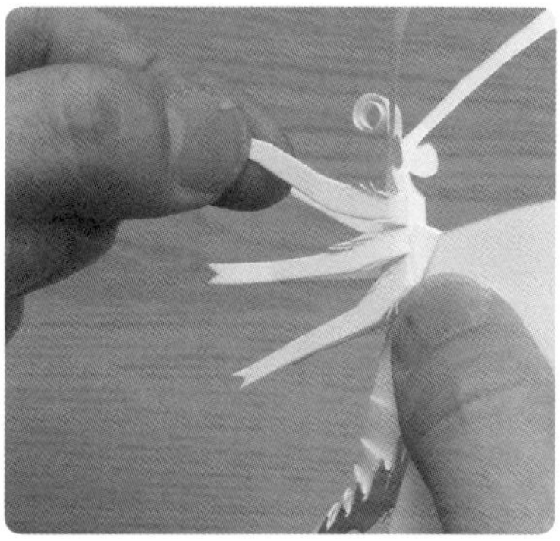

反対側もしっかり折ります。

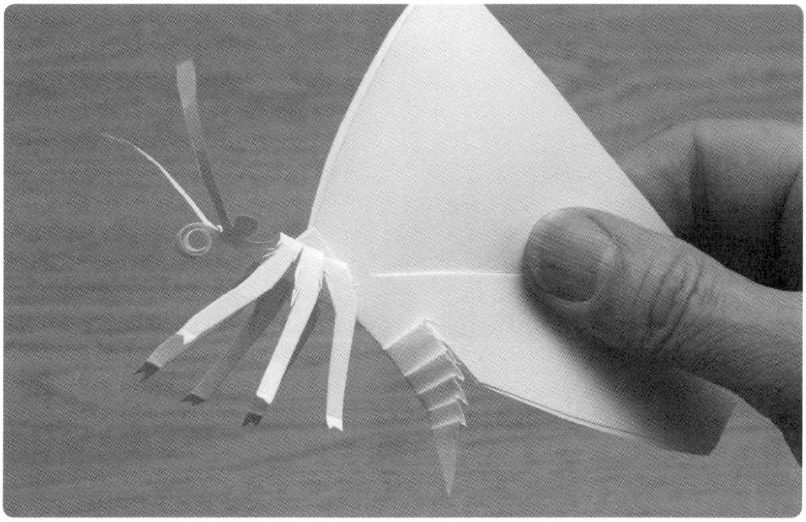

完成です。羽根の開き具合などを調節してください。出来る方は足に関節や丸みをつけても良いでしょう。

キットナンバー 12 （完成見本は 31 ページ）

# カブトムシ

## ポイント

**1.** お腹は重ね折りで丸みを出します。

**2.** 足を切り込みから裏通しするときには、お腹の表裏を確認してから、足を捻らないように行いましょう。

**3.** お腹側の体の付け根は重ね折りで立体感を出します。

**4.** 触角はハサミの根元を使って細かく切りましょう。

**5.** 背中のつなぎ目の重ね折りは、完成写真でよく確認して折ってください。

**6.** 体を大きく二つに折るときに後ろの角を裏通しします。角は裏から引き出してから、体のバランスを見た上で切って、長さを調節します。

**7.** 首の裏側を調節してカブトムシの雰囲気を出してください。

**8.** 目や爪など細かい部分も大事ですが、最後に体に丸みをつけて全体を調節します。

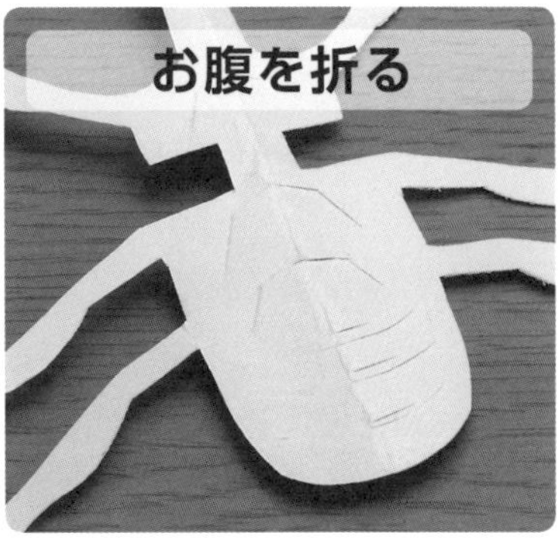


お腹の切り線が全て切れていることを確認します。

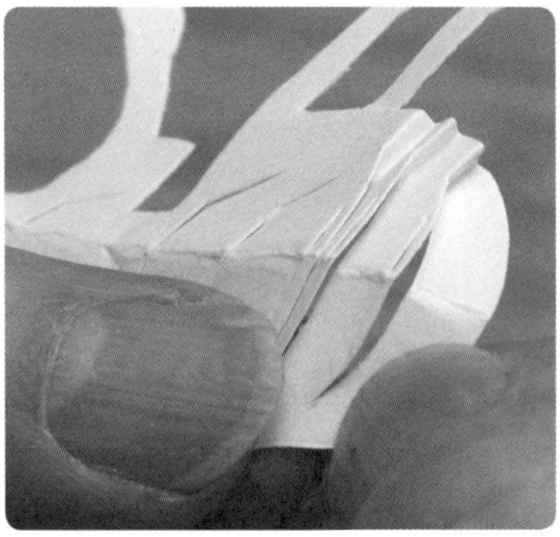

お腹を重ね折りしていきます。

折り終わるとお腹に立体感が出ます。

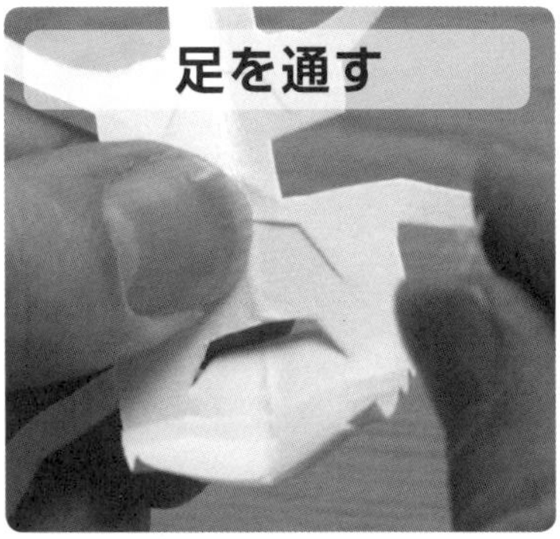


足を裏通しします。裏表に注意して行いましょう。

表側から足を通し、

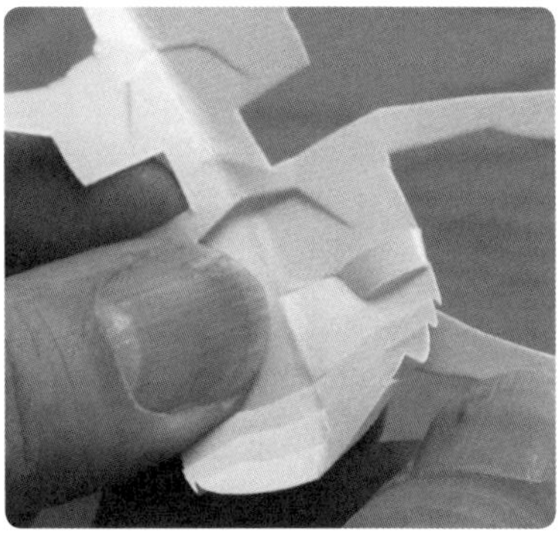

遊びがないようにしっかり引っ張ります。

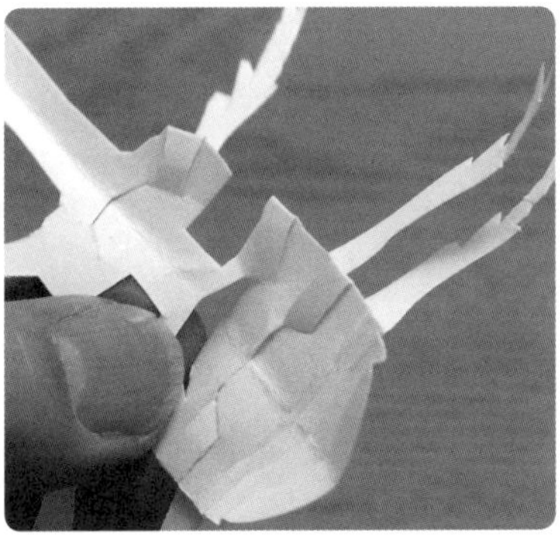

足を通したところです。

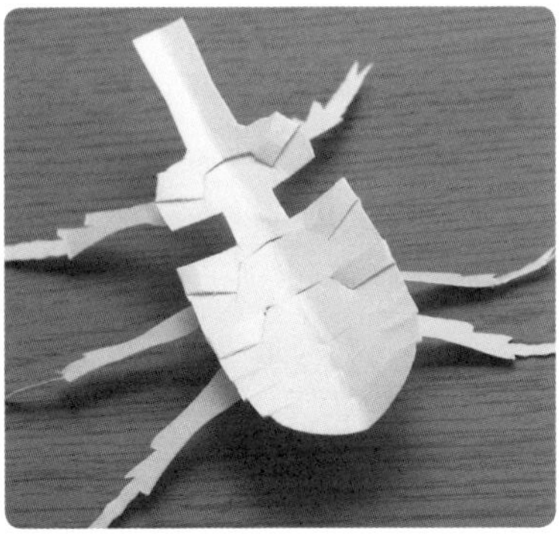

この状態で自立します。

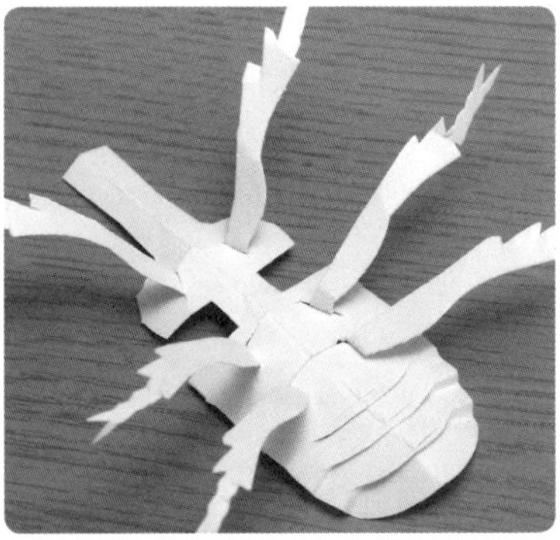

裏から見ると体から生えているように見えます。

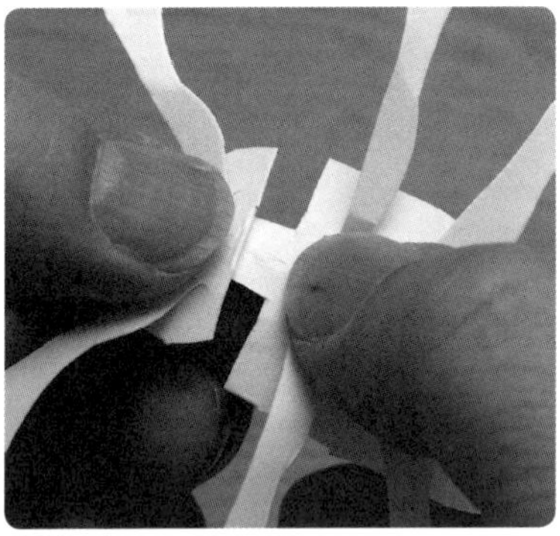

首を折ります。

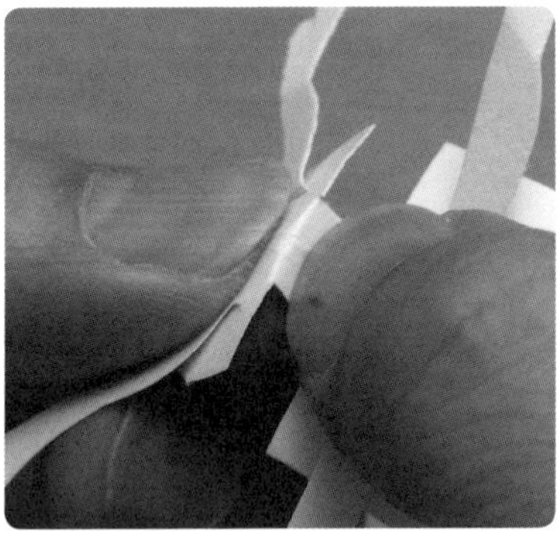

上下ともに重ね折りにします。

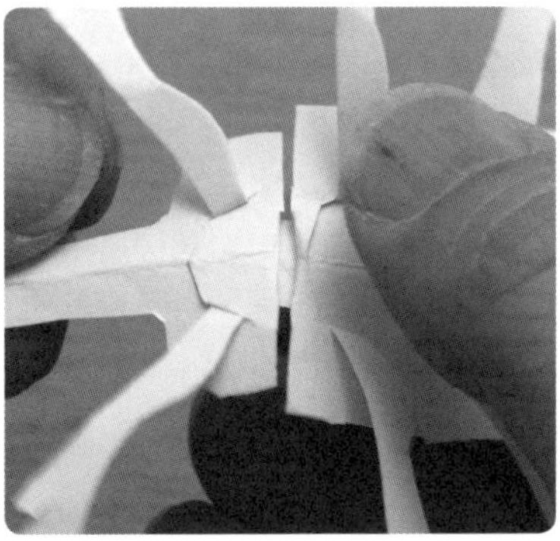

首の付け根に立体感が出てリアリティーが出ました。

## 触角を切る

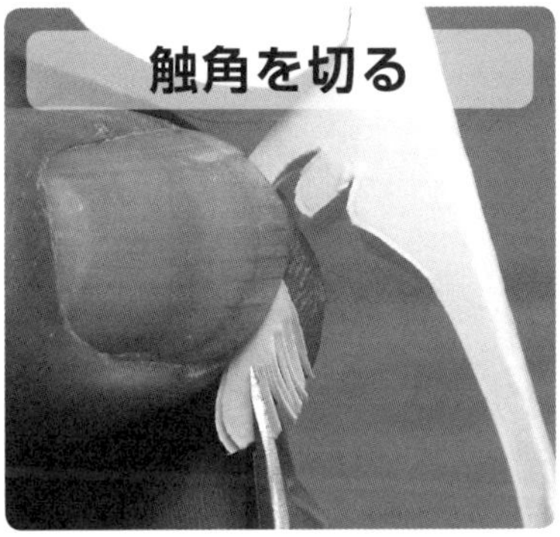

触角を細かく切ります。

## 体を折る①

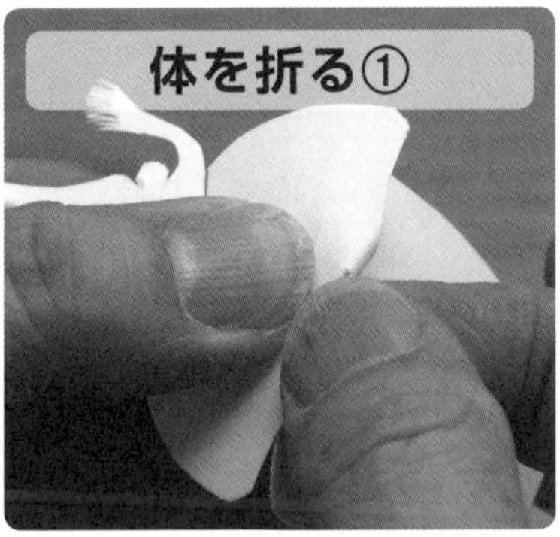

背中側の半円を重ね折りにします。

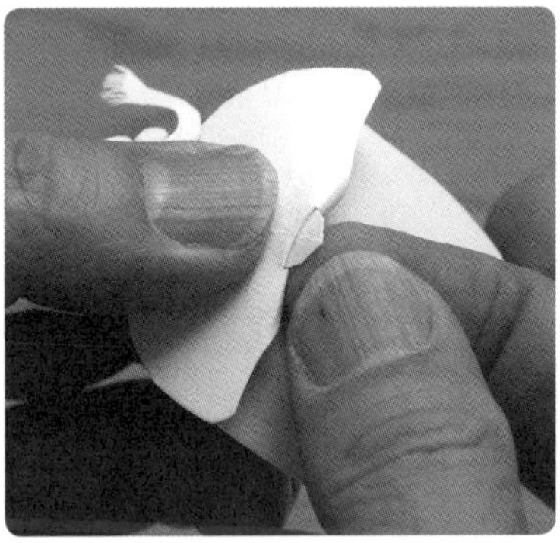

周りの形を一緒に整えます。

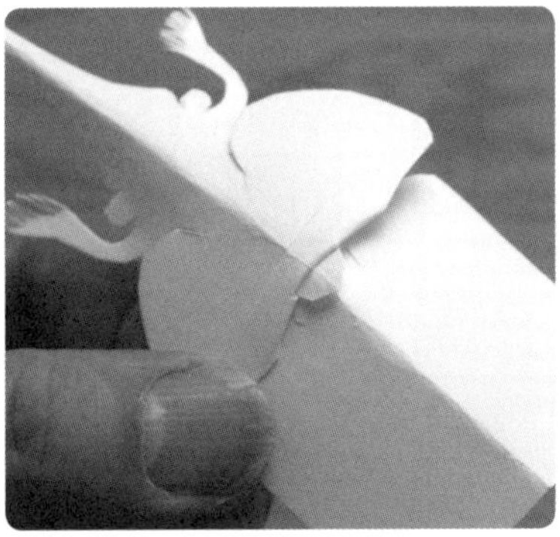

体の中から出ているようになったらOKです。

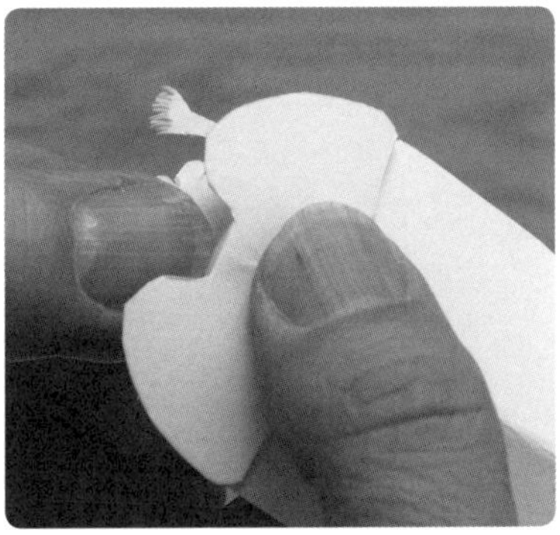

頭を重ね折りにします。

カブトの下から顔が出るようにします。

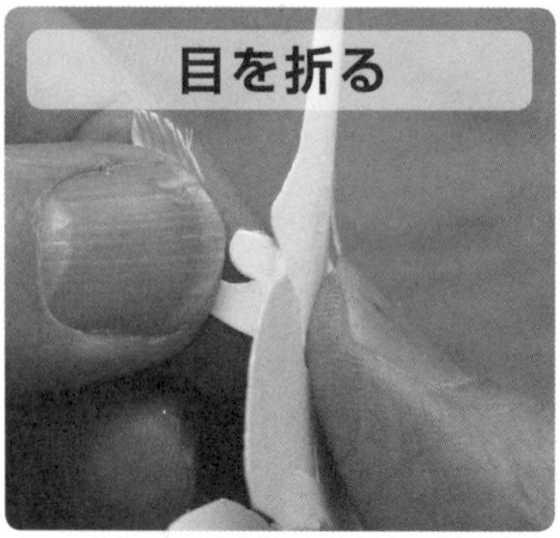

目を折る

目と触角も根元を重ね折りにします。

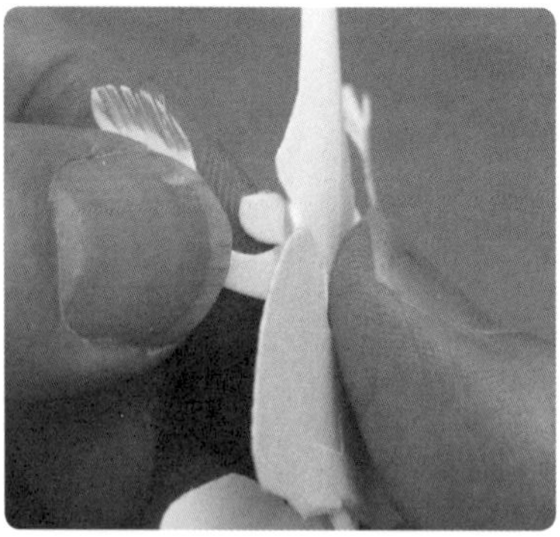

触角は爪で真ん中を折り丸みをつけます。

裏から見たところです。

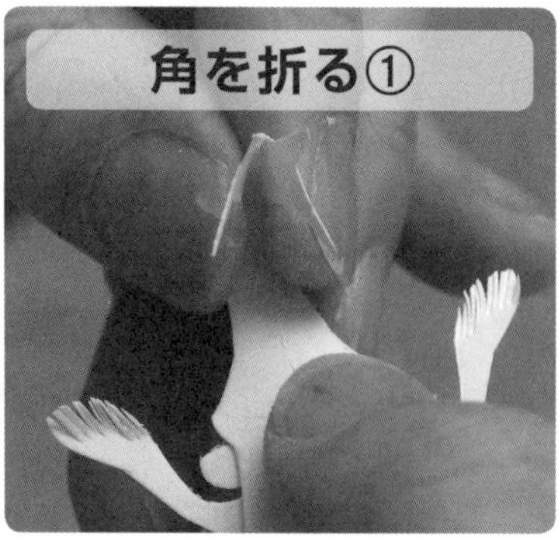

角を折る①

大きな角を折ります。根元をつまむようにして折ります。

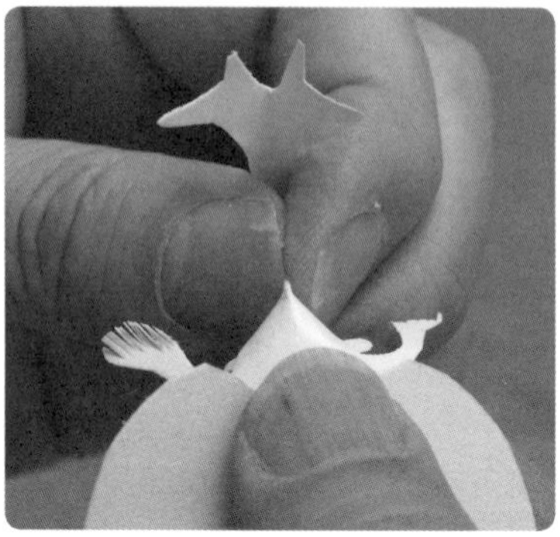

三角形になるように折ると良いでしょう。

全体のバランスを見て形を整えます。

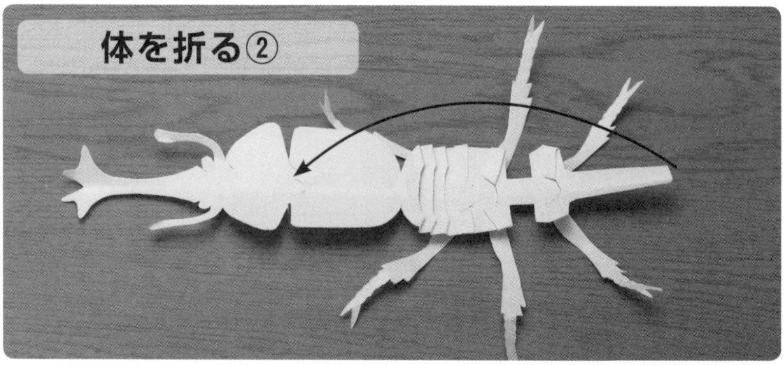

体を折る②

体を二つ折りにします。これはクワガタやカマキリも同じです。

角を切れ込みに裏通しします。

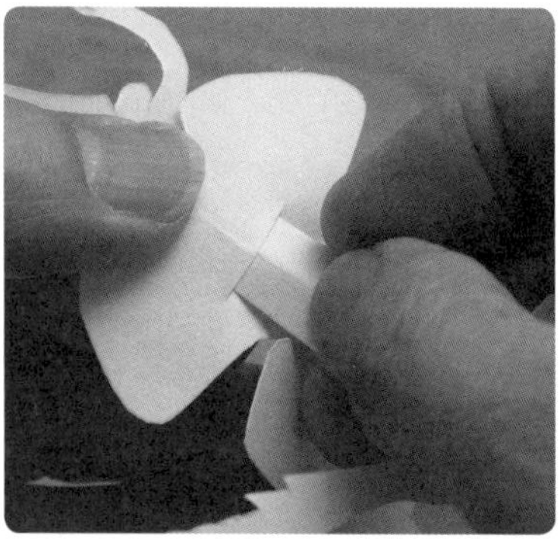

裏から通したところです。

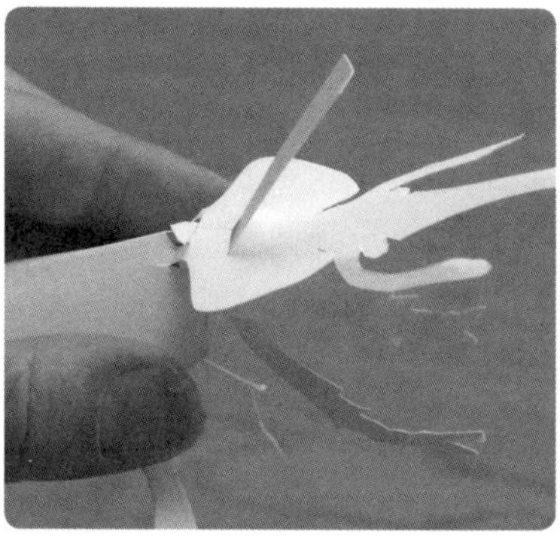

表側から見たところです。

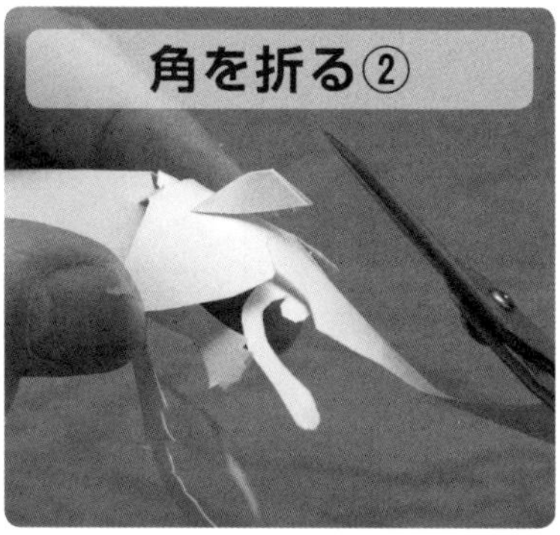

角を折る②

全体のバランスを見て余分な部分を切ります。あまり短すぎないように注意しましょう。

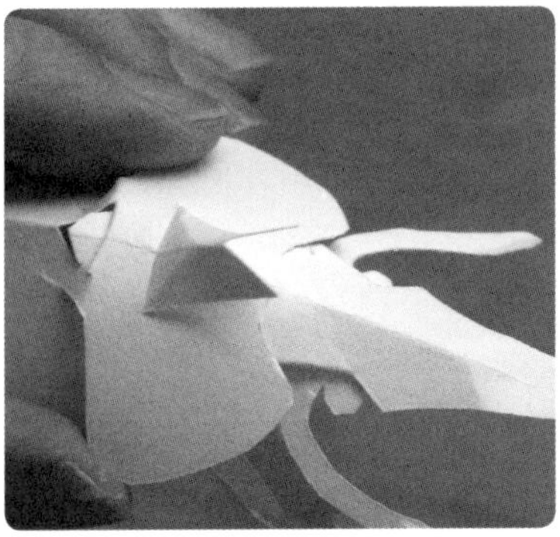

小さい角の形を整えます。ここは折れ線がはいっていないので写真を見て折ってください。

全体に立体感が出ればOKです。

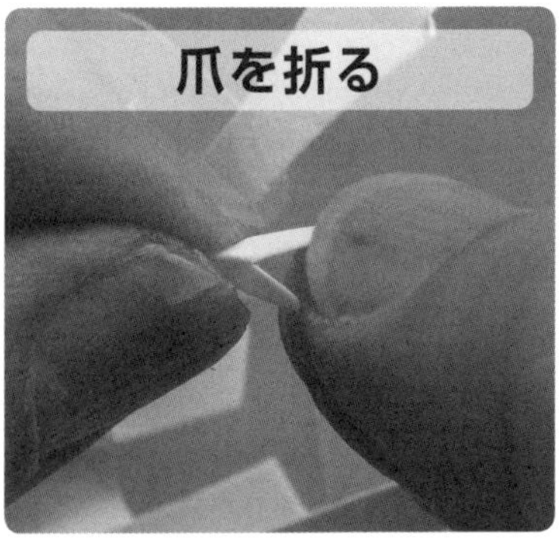


足の折り方は蜘蛛やカマキリを参考にしてください。爪は先を折り込みます。

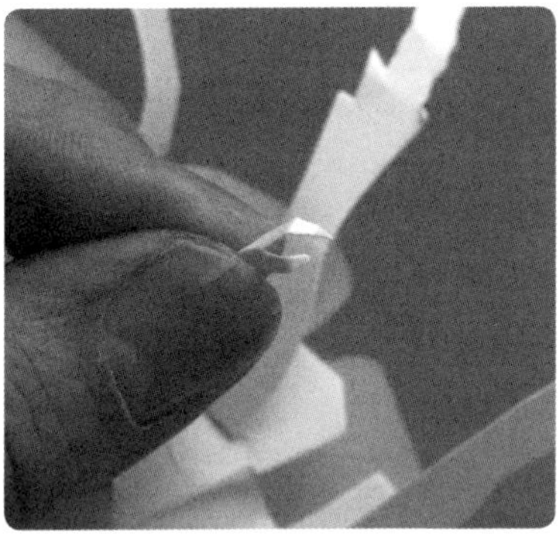

小さく折るだけでリアリティが増しました。

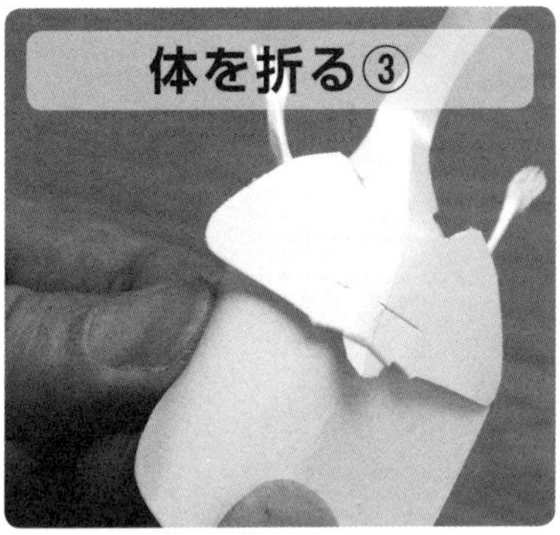


カブトの端を裏側へ折り込んで形を整えます。

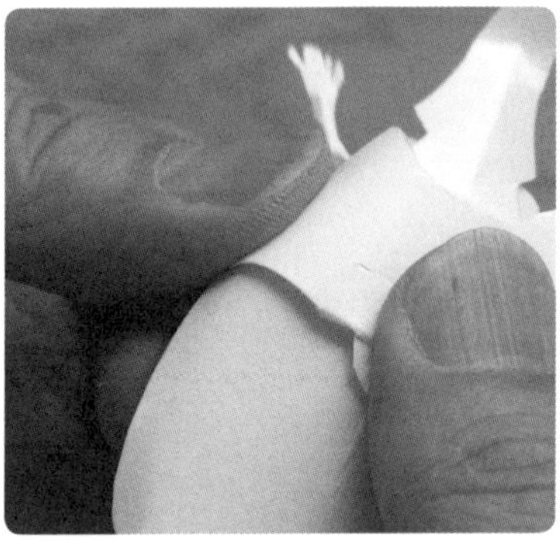

真っ直ぐ折るのではなく、柔らかく丸みをつける感じです。

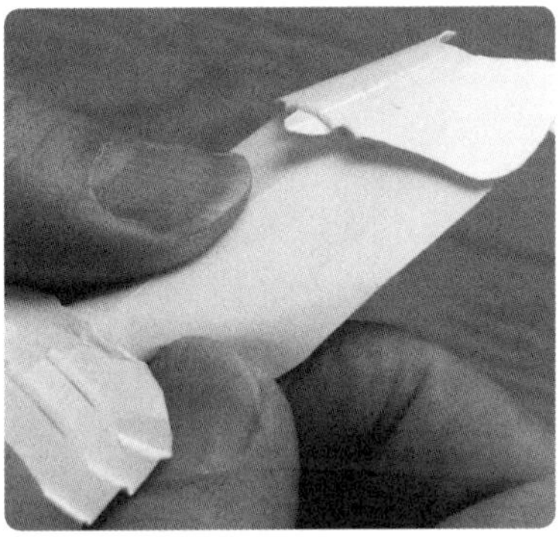

お尻の方も折り込みます。

左右同じように行います。

顔の部分のアップです。

**キットナンバー 13** (完成見本は 32 ページ)

# クワガタムシ

## ポイント

**1.** 折り方はカブトムシと同じです。クワガタの場合は蜜を吸う口が、二つ折りを留めるつなぎ目になりますので、長めに通しておいてからカットして調節してください。

**2.** アゴは丸めるように折り、厚みをつけます。

**3.** アゴの開閉は根元の折り方で調節します。

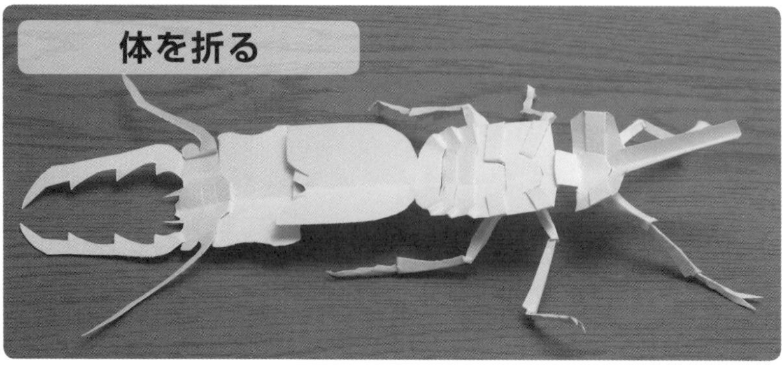


カブトムシと蜘蛛、カマキリを参考に体と足を折ったところです。

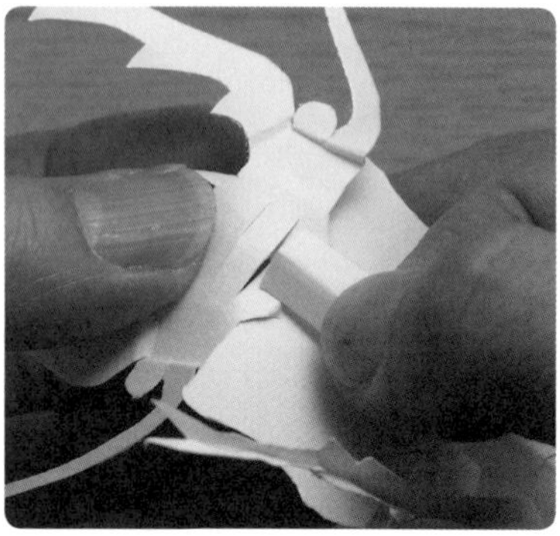

クワガタは口を通して二つ折りにします。

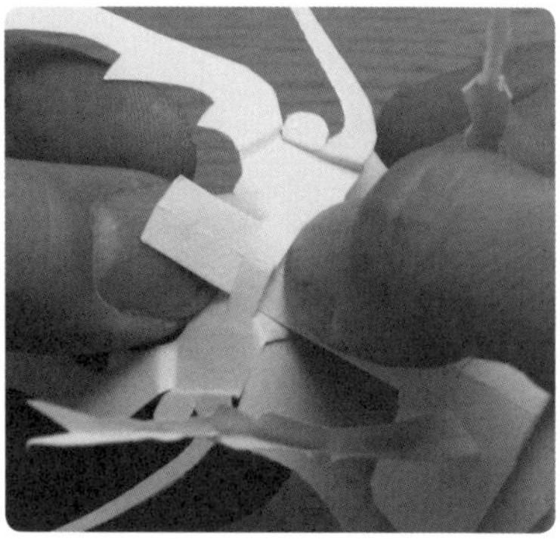

裏側に口が出るようにくぐらせます。

口を通し終わったところです。

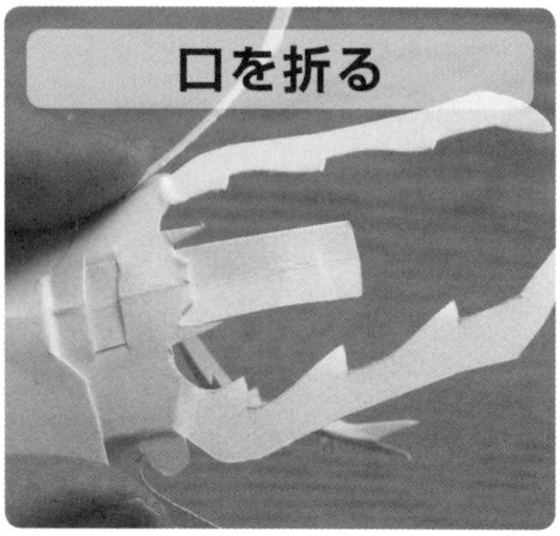


長め口を調節します。

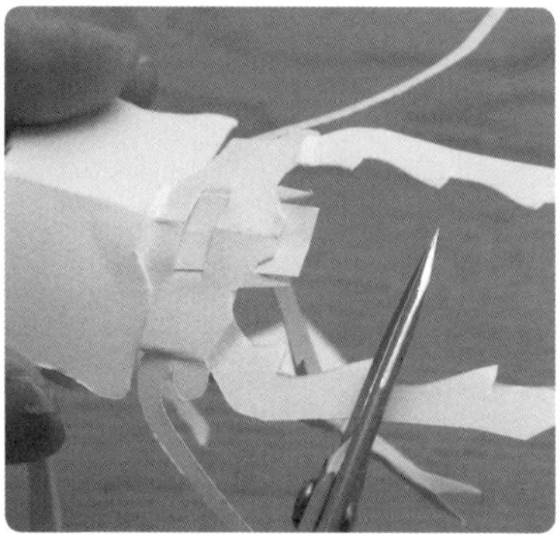

バランスの良いところで切ります。

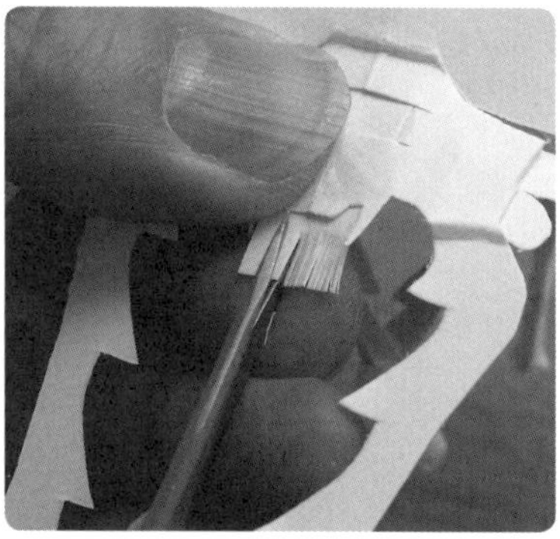

細かく切って、樹液を吸う口を作ります。

口を切り終えたところです。

## アゴを折る

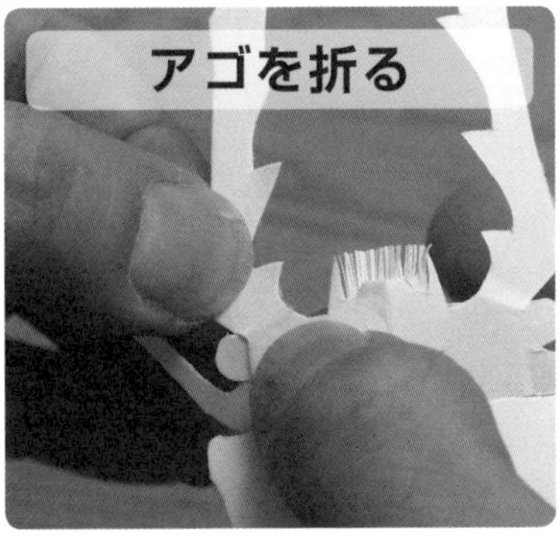

アゴは根元を重ね折りにします。

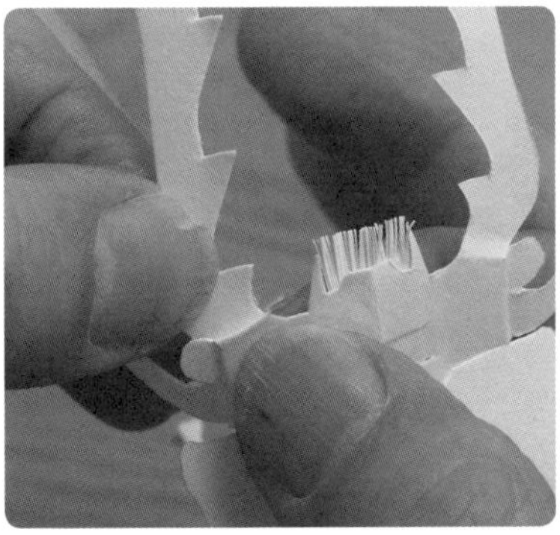

重ね折りをしたところです。自由に動かせるようにします。

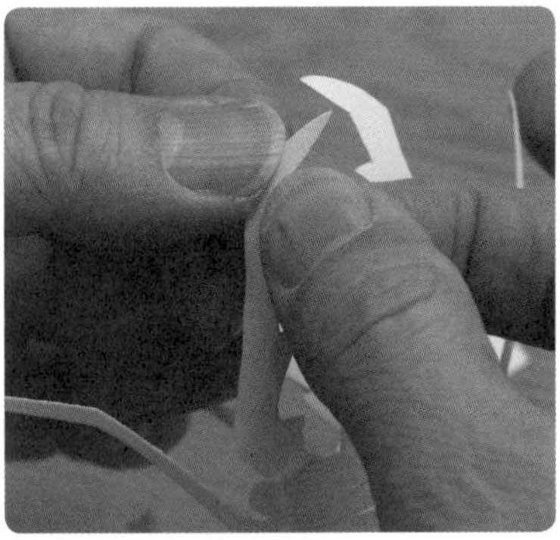

ハサミの中心を裏側から丸く折っていきます。

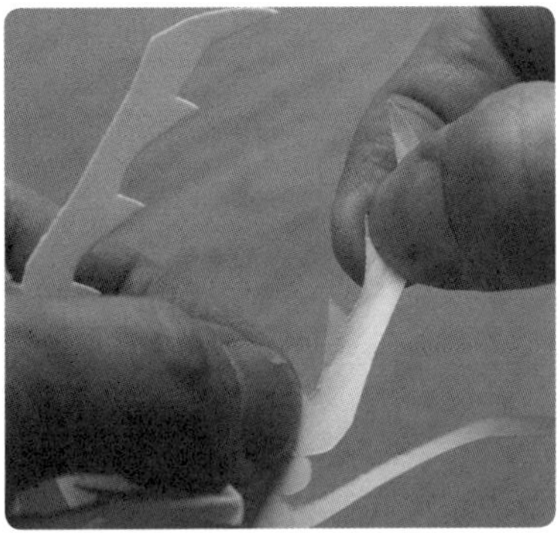

裏側から見たところです。爪を使って丁寧に丸みをつけましょう。

ハサミの先端は指でつまんで鋭くします。

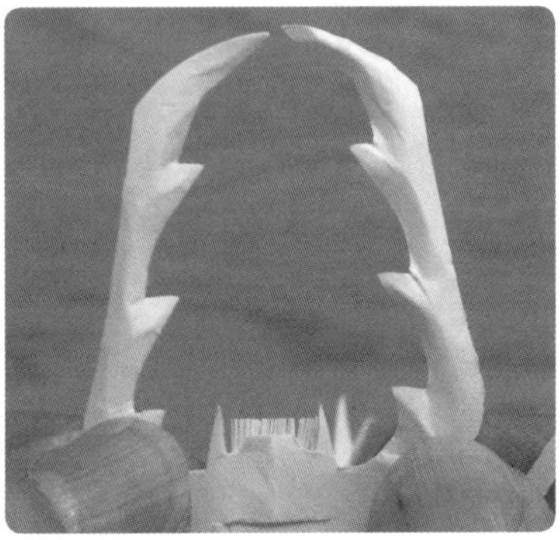

ハサミを折り終わったところです。

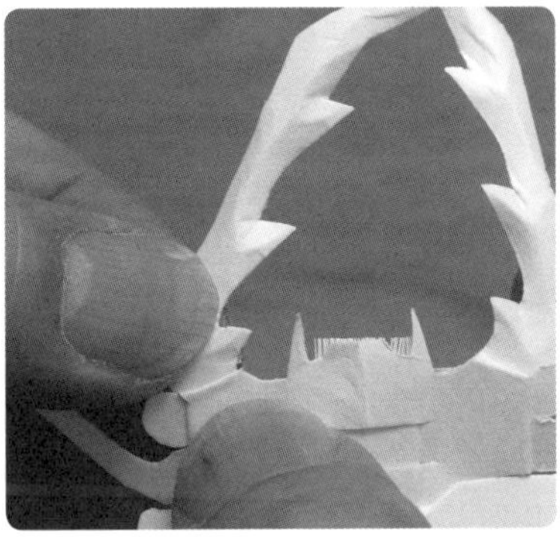

ハサミの開き具合は根元の重ね折りの折り方で変わります。

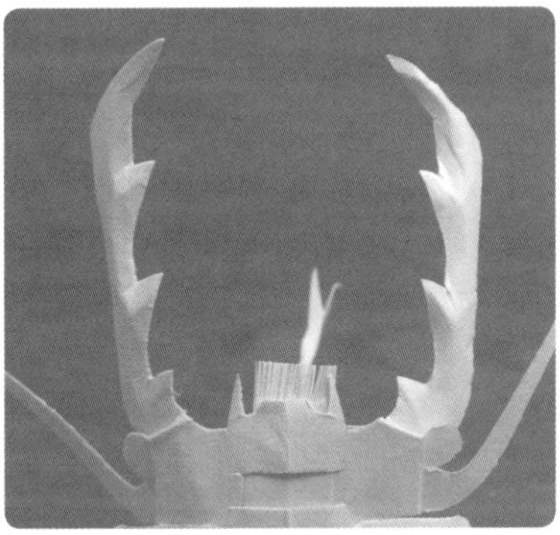

開いた状態。

閉じた状態です。

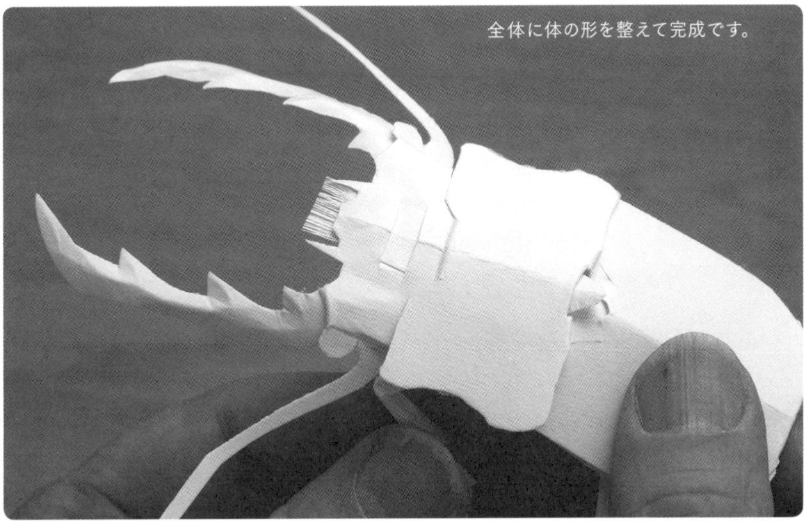

全体に体の形を整えて完成です。

## キットナンバー 14 （完成見本は 33 ページ）

# 蜘蛛《くも》

### ポイント

**1.** カブトムシと同じく、お腹は重ね折りで丸くします。

**2.** 毛は細かく切るとリアルさが増します。

**3.** 関節が多い蜘蛛ですが、足の雰囲気を出すために、足の関節の重ね折りは、あまり深く折らないようにしましょう。

**4.** 出来上がったとき、足が体より上にあると良いでしょう。

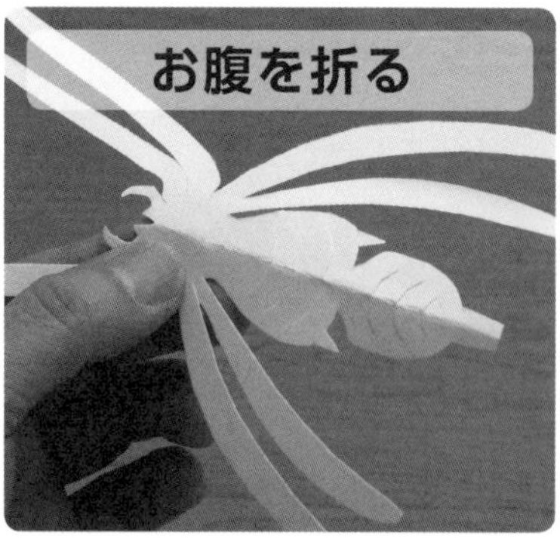


蜘蛛はカブトムシやクワガタと違い、お腹の上側から折ります。

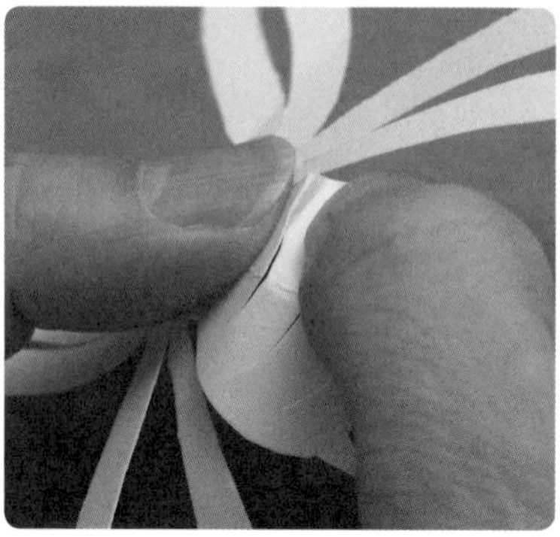

先にお腹の上側を重ね折りにします。

上側の重ね折りが終わったところです。

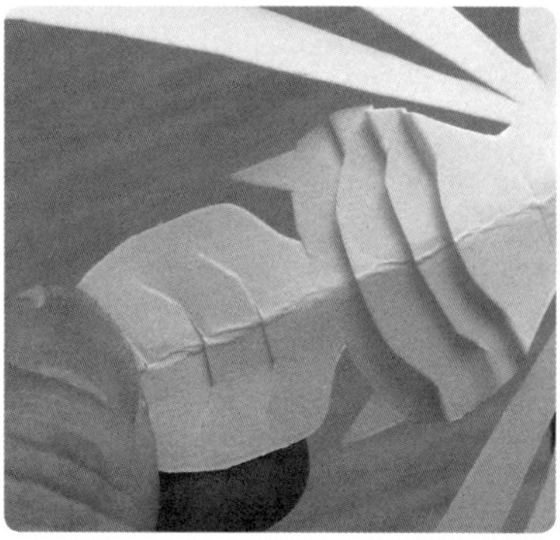

しっかり切れ込みを確認して、下側を折っていきます。

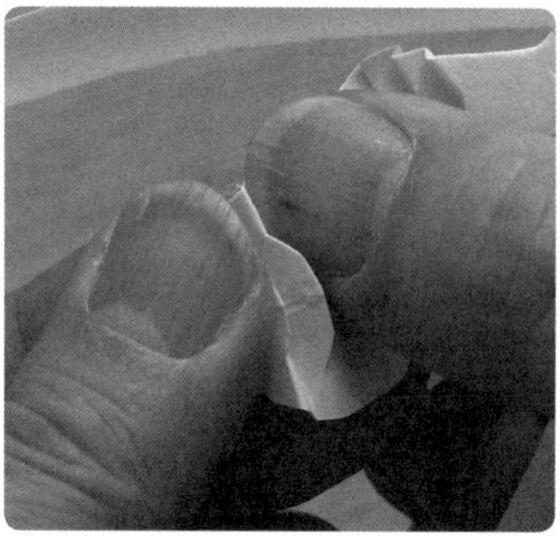

お尻の先から重ね折りにしていきます。

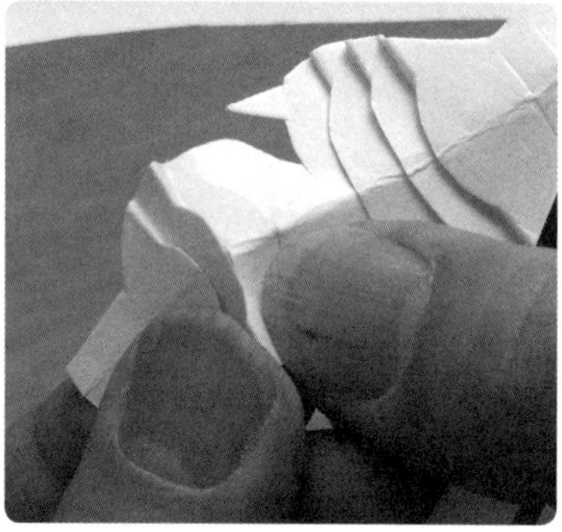

細かい部分ですのでゆっくり丁寧に折りましょう。

下側を折り終わったところで、先を通します。

クワガタと同じで切り込みをくぐらせて、折り返します。

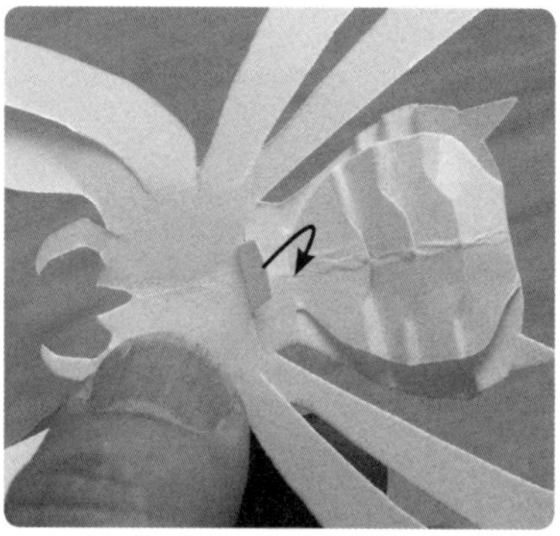

しっかり折り返してお腹を留めます。長ければ切れ目に折り込んでも良いでしょう。

お腹を横から見たところです。膨らんで立体感があればOKです。

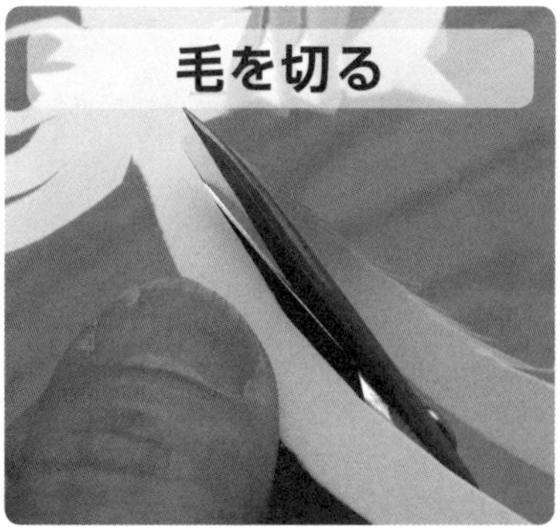


足を折る前に特徴の足の毛を切ります。

全体のバランスを見ながら切りましょう。

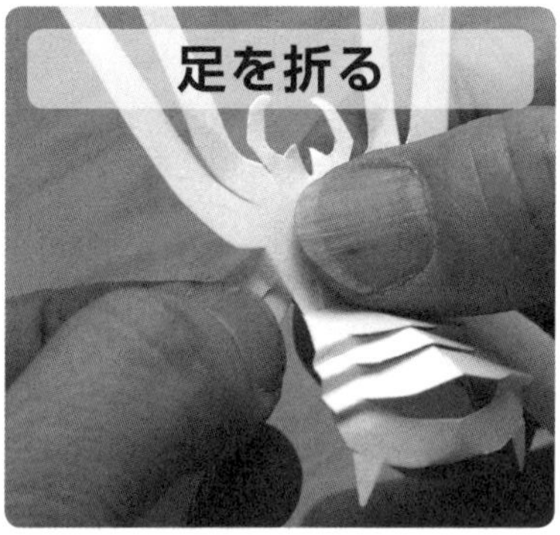


足の根元を重ね折りにします。

体から生えているように見えます。

関節を重ね折りで折っていきます。重ね折りの幅は小さく折るとリアルになります。

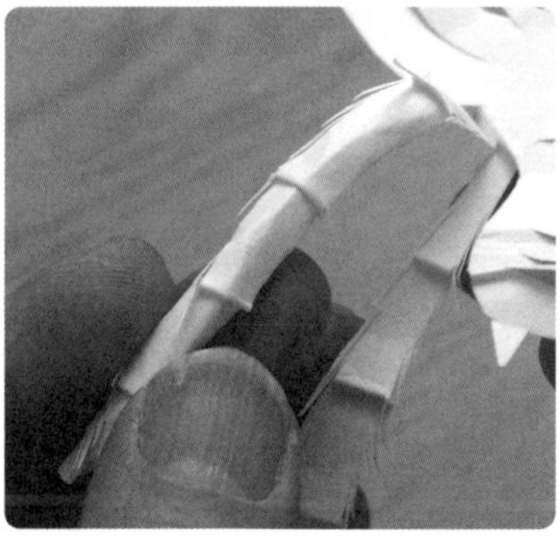

折り終わったところで丸みをつけていきます。

しっかり折れると自然に足がアーチ形に立ちます。他の足も同じように折っていきます。

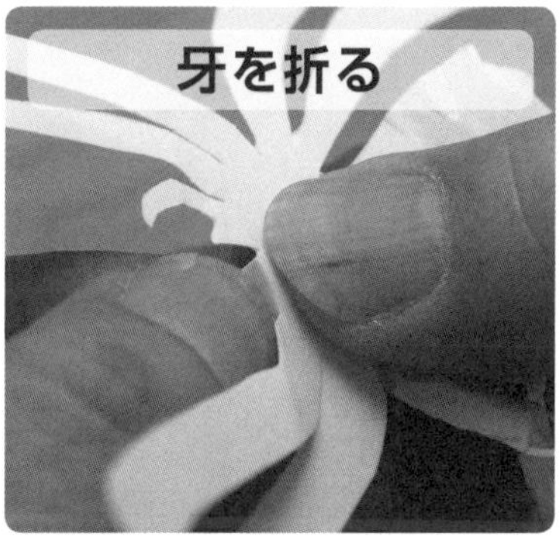


牙の根元は重ね折りにします。

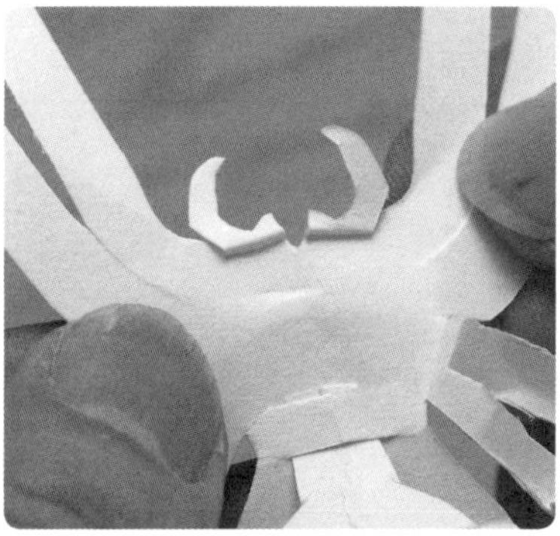

裏から見たところです。

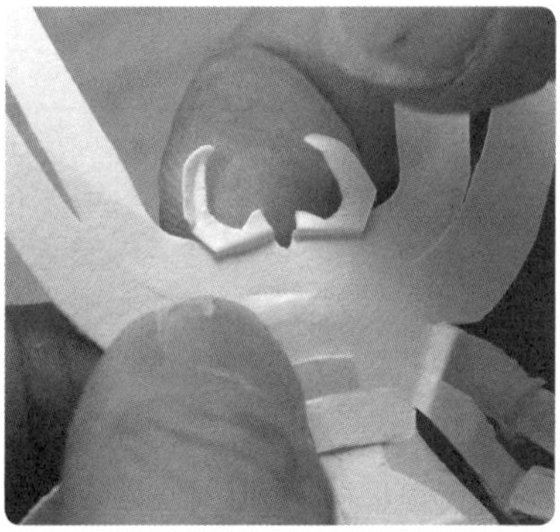

牙の真ん中を爪で折って厚みを出します。

左半分が折り終わったところです。右も同じように折ります。

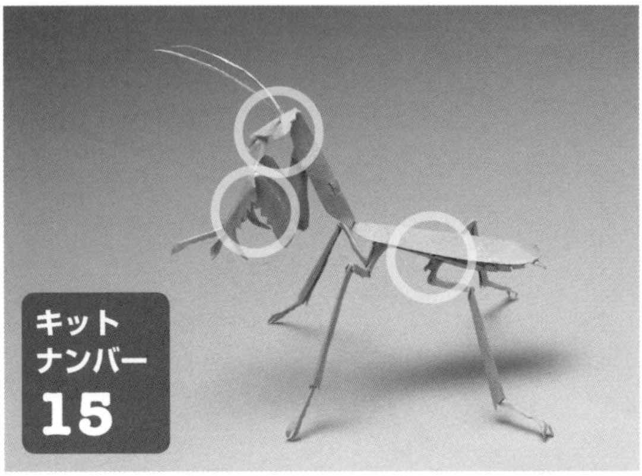


## キットナンバー 15 （完成見本は 34 ページ）

# カマキリ

### ポイント

**1.** 蜘蛛と同じく、足の関節の折り重ね部分は少なめにしてください。

**2.** 体の二つ折りは、2度通したところで折って留めます。

**3.** 牙を重ね折りして立体感を出します。触角は裏通しで頭から生えているようにします。

**4.** 前足のカマは3つに折りたたみ、獲物に挑む感じにしましょう。上体を立てるとより迫力が出ます。

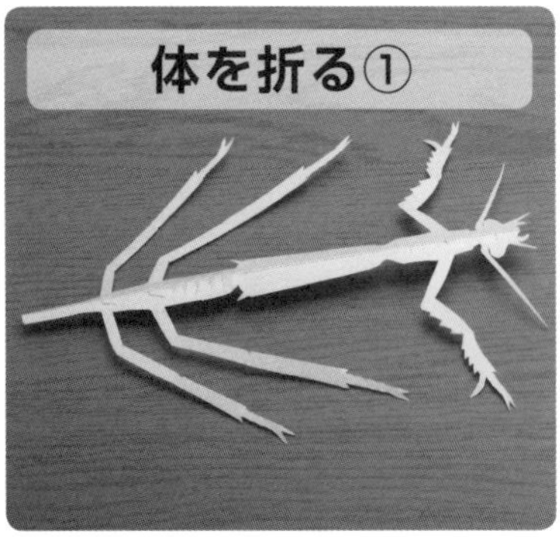


カマキリは細いので注意して切りましょう。

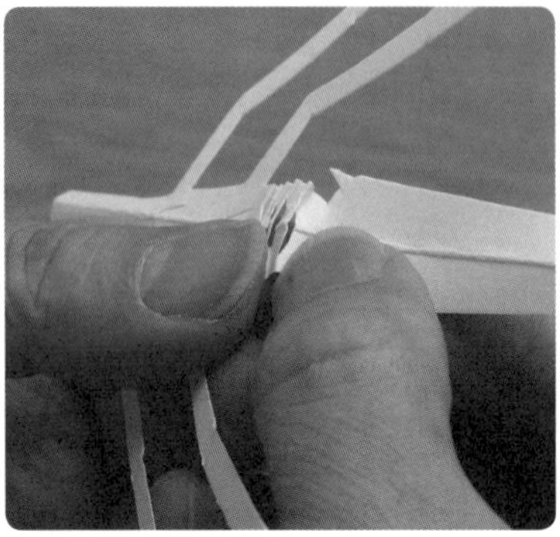

お腹を重ね折りにします。

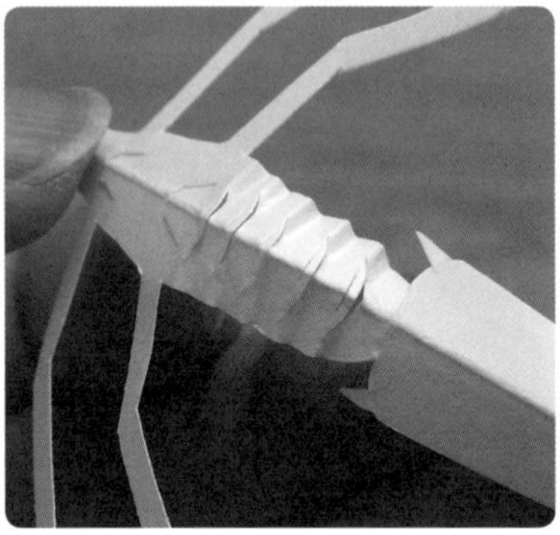

折り終わったところです。

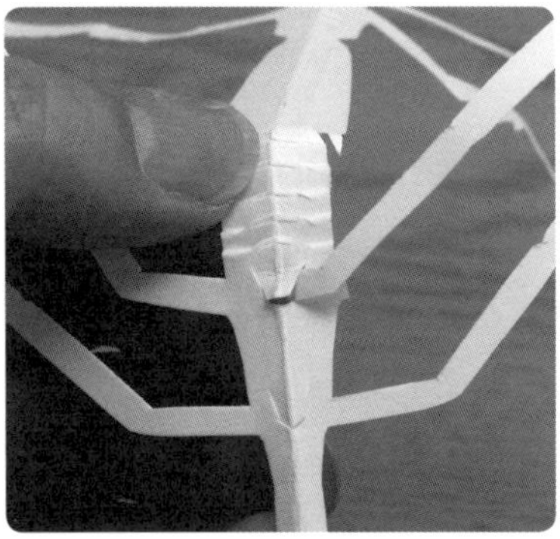

足を裏通しします。

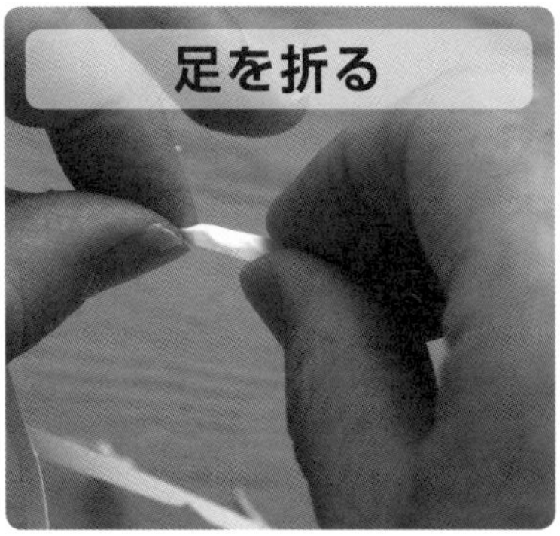


通した足を折ります。

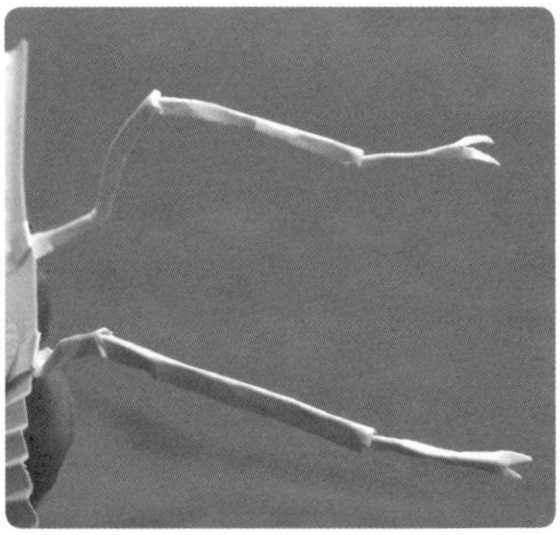

関節の重ね折りは小さめに、足はしっかり折りましょう。

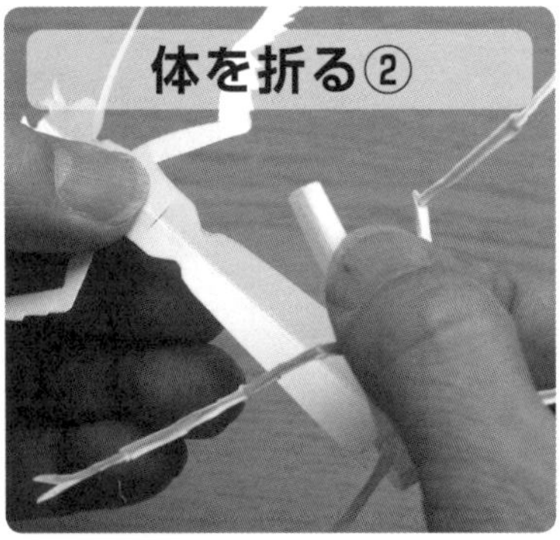


足を全て折り終わったところで二つ折りにします。

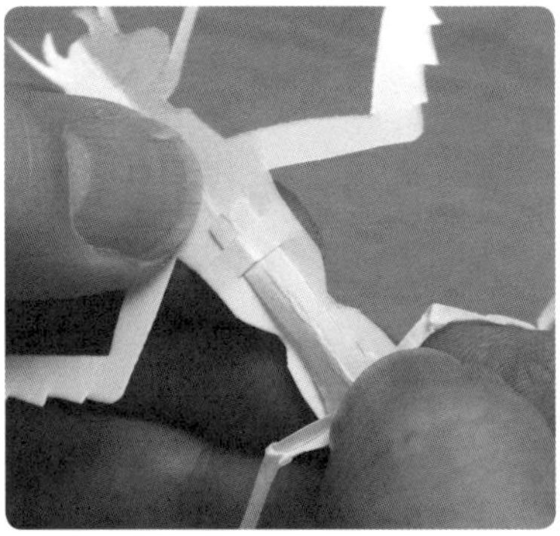

蜘蛛と同じように、切れ込みにくぐらせて、

折り込んで留めます。

## 触角を折る

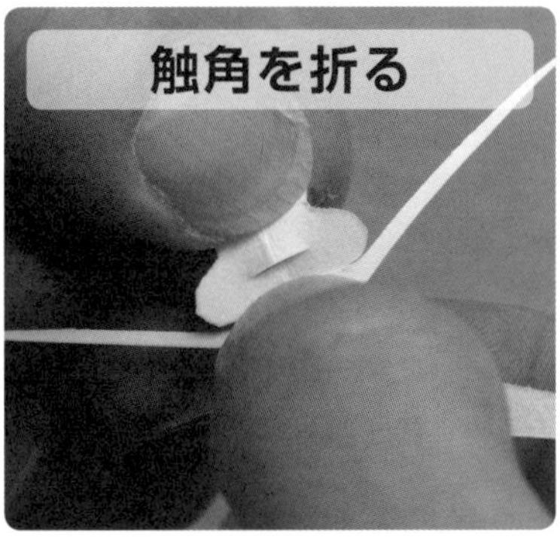

触角を通します。細いので注意して行いましょう。

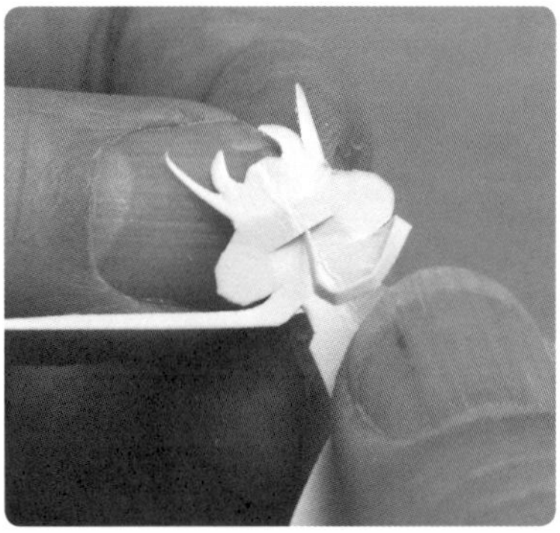

裏通しします。

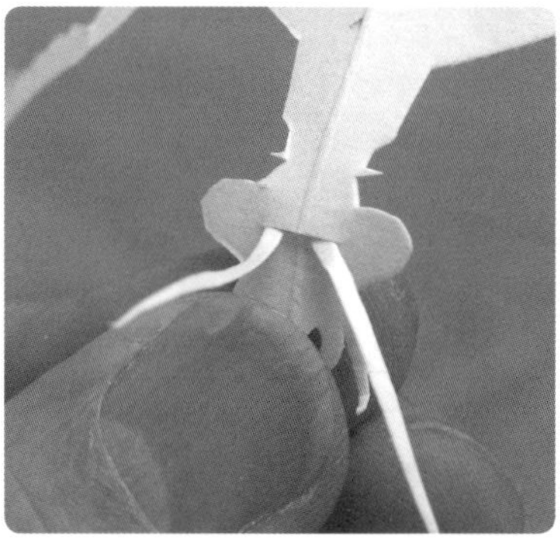

触角を通したところです。次に口を作ります。

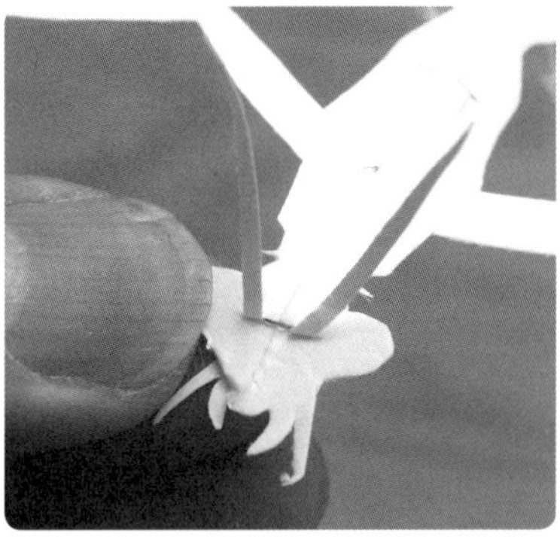

口元を重ね折りにします。

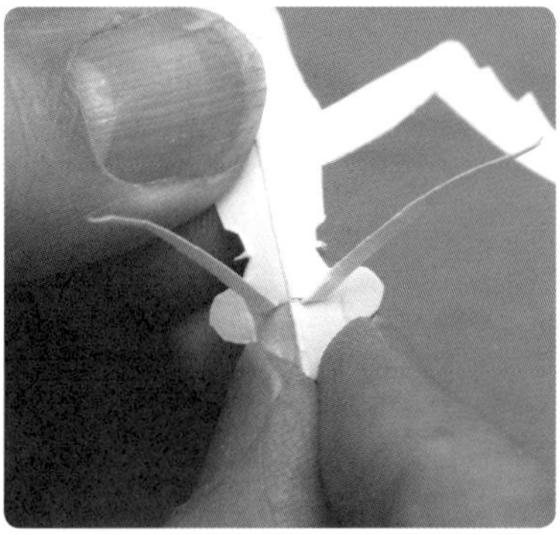

目と顔を整えます。

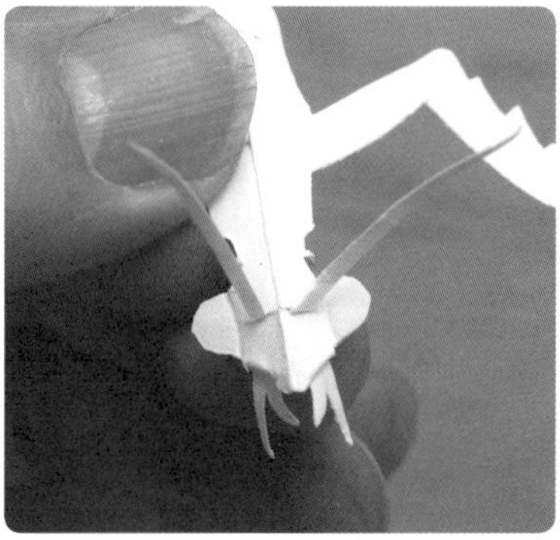

顔が完成しました。

## カマを折る

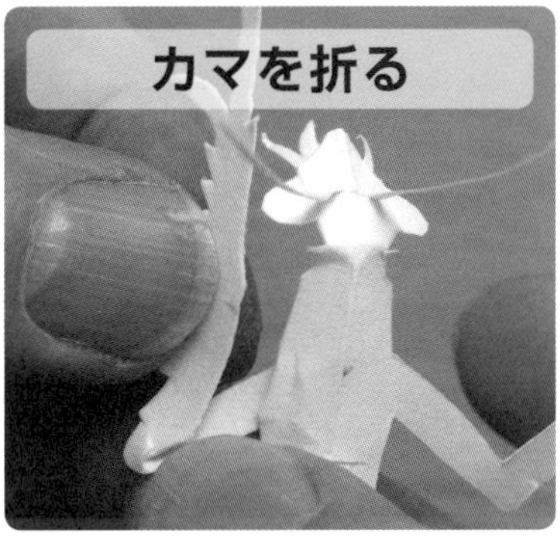

カマの根元を重ね折りにします。

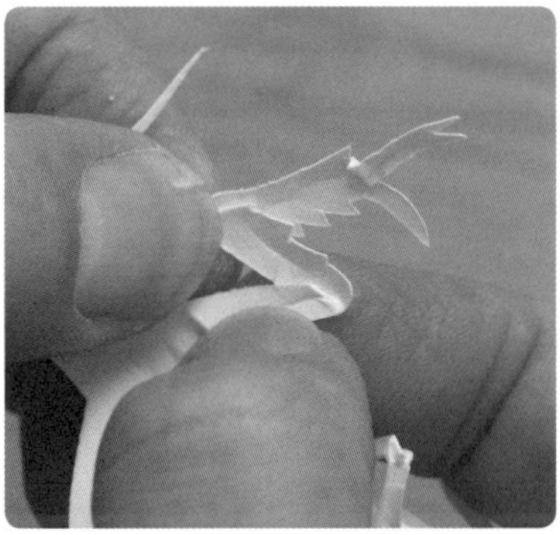

裏から見たところです。全体に中心から丸く折って厚みを出します。

カマが完成しました。

カマの形を整えます。

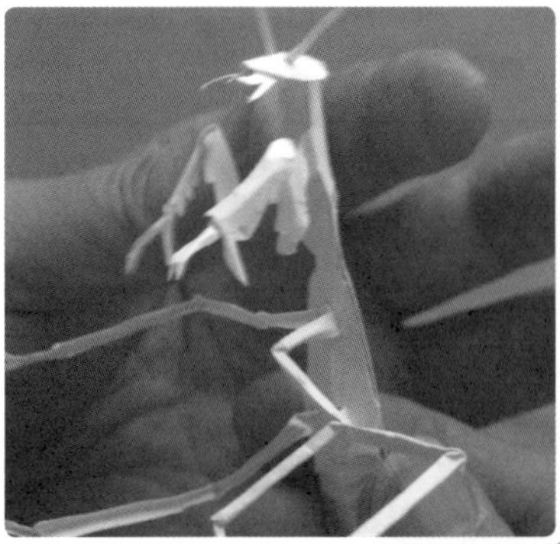

全体の形を整えます。

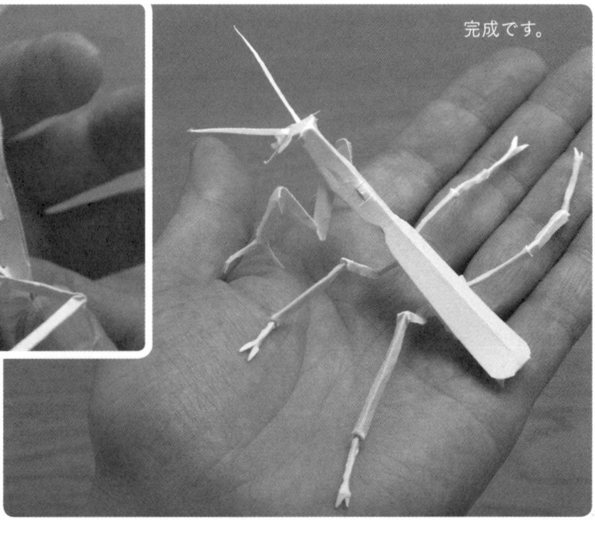

完成です。

## 大東 守 Mamoru Ohigashi

1952年（昭和27）11月13日、物造りの町東大阪（旧河内市）生まれ。幼少時より工作好きで、粘土細工やプラモデル、日曜大工などを趣味として育つ。2007年、親戚の子供にお面を作ってくれと言われ、初めて紙でお面を作る。その時、「恐竜も、ゾウも」と言われ何の気なしに切った事がきっかけで、立体的な切紙を始める。2008年9月に体調を壊し水道局を早期退職。同11月に自宅ショップを開業、手づくりの雑貨と立体切紙の作品を販売、その後“Kirittai”ブランドを立ち上げ、2011年に商標登録（登録第5398504号）し現在に至る。

### 主なテレビラジオ出演

2010年滋賀県東近江市(旧八日市市）の世界凧博物館八日市大凧会館にて1ヶ月半の個展を開く。地元紙や関西テレビ、朝日放送のニュースで放送される。

2011年毎日放送のラジオ番組に生出演。NHK総合「特ダネ投稿Do画」、読売テレビ「おおさかほんわかテレビ」、関西テレビ「よーいドン隣の人間国宝さん」、「プリプリ」など関西のテレビに出演する。

2013年テレビ朝日「人生の楽園」に出演し全国的に知られることとなる。その後もNHKニューステラス関西「おはよう日本」、テレビ朝日「モーニングバード」（生出演）、毎日放送「ちちんぷいぷい」、等に出演。

2014年日本テレビ「ぎゃっぷ人」、朝日放送「ココイロ」、そして再び「人生の楽園」に取材を受け特別編に出演する。

Kirittai ブログ

**Kirittaiの Ango family**
http://ango-family.blog.eonet.jp/ango/

**Web site「Kirittai」**
http://kirittai.jimdo.com/



新《あたら》しいスタイルのペーパークラフト
**立体切紙《りったいきりがみ》 キリッタイ**

●定価はカバーに表示してあります

2014年8月1日　初版発行

著　者　大東《おおひがし》 守《まもる》
発行者　川内　長成
発行所　株式会社日貿出版社

東京都文京区本郷 5-2-2　〒113-0033
電話　(03) 5805-3303（代表）
FAX　(03) 5805-3307
振替　00180-3-18495

印刷　株式会社ワコープラネット
カバーデザイン　中野岳人　本文デザイン　渡辺文
撮影　大畑俊男


ISBN978-4-8170-8200-8
http://www.nichibou.co.jp/

**キットナンバー**
**01**

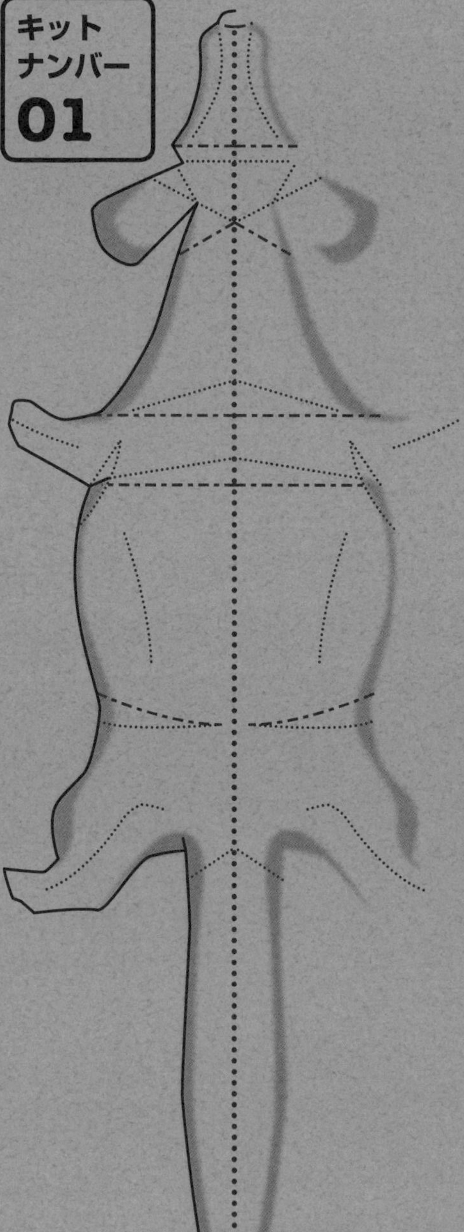

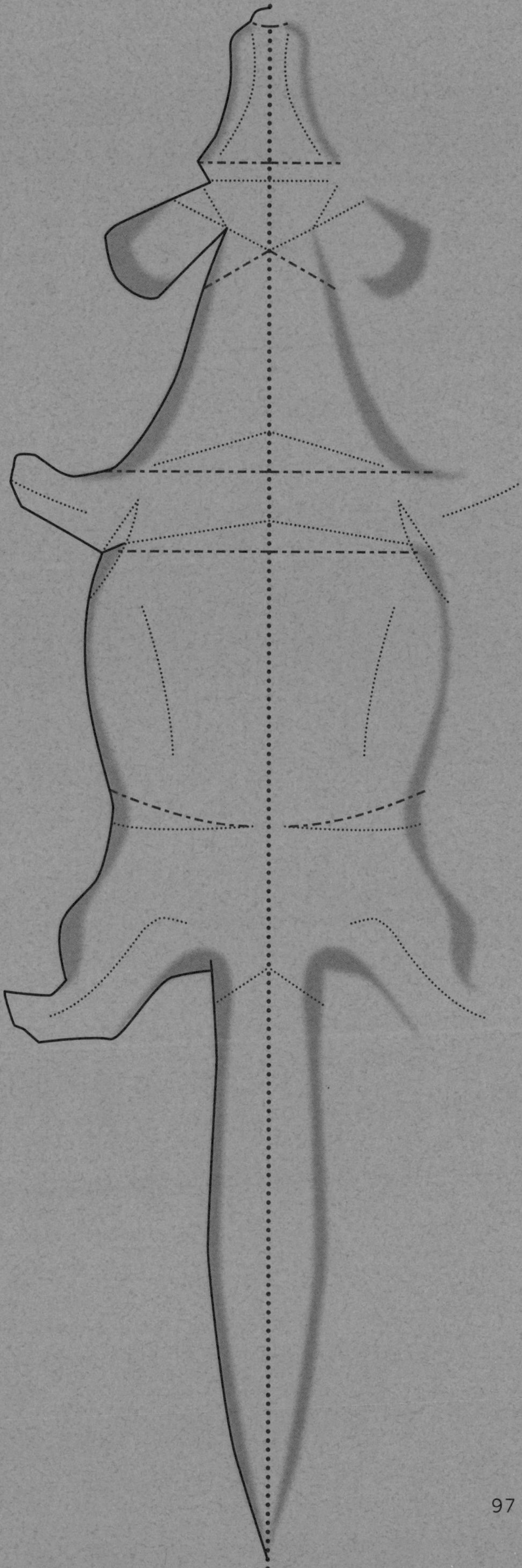

切り取り線

切り取り線

キット
ナンバー
**02**

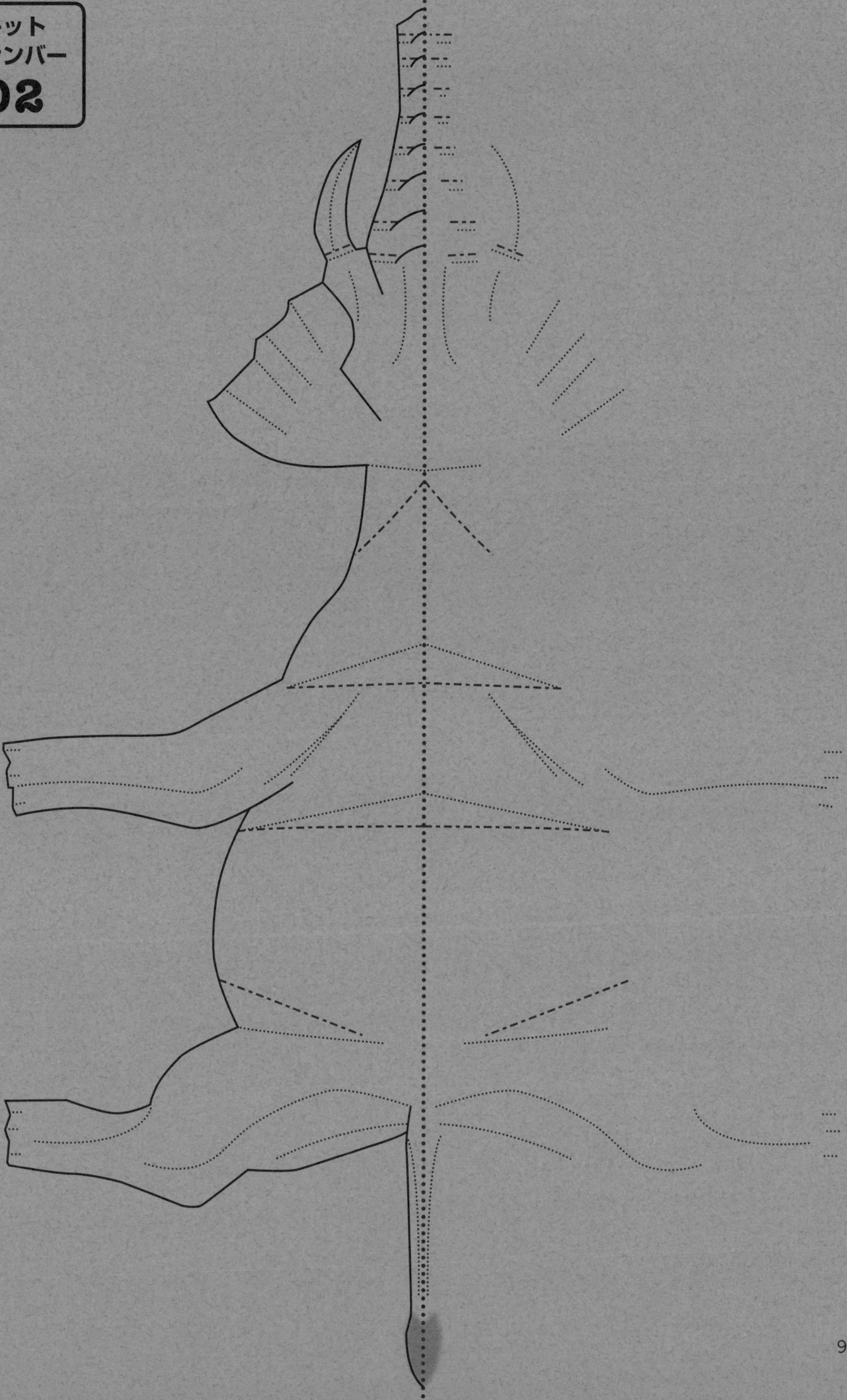

切り取り線

**キットナンバー**
**04**

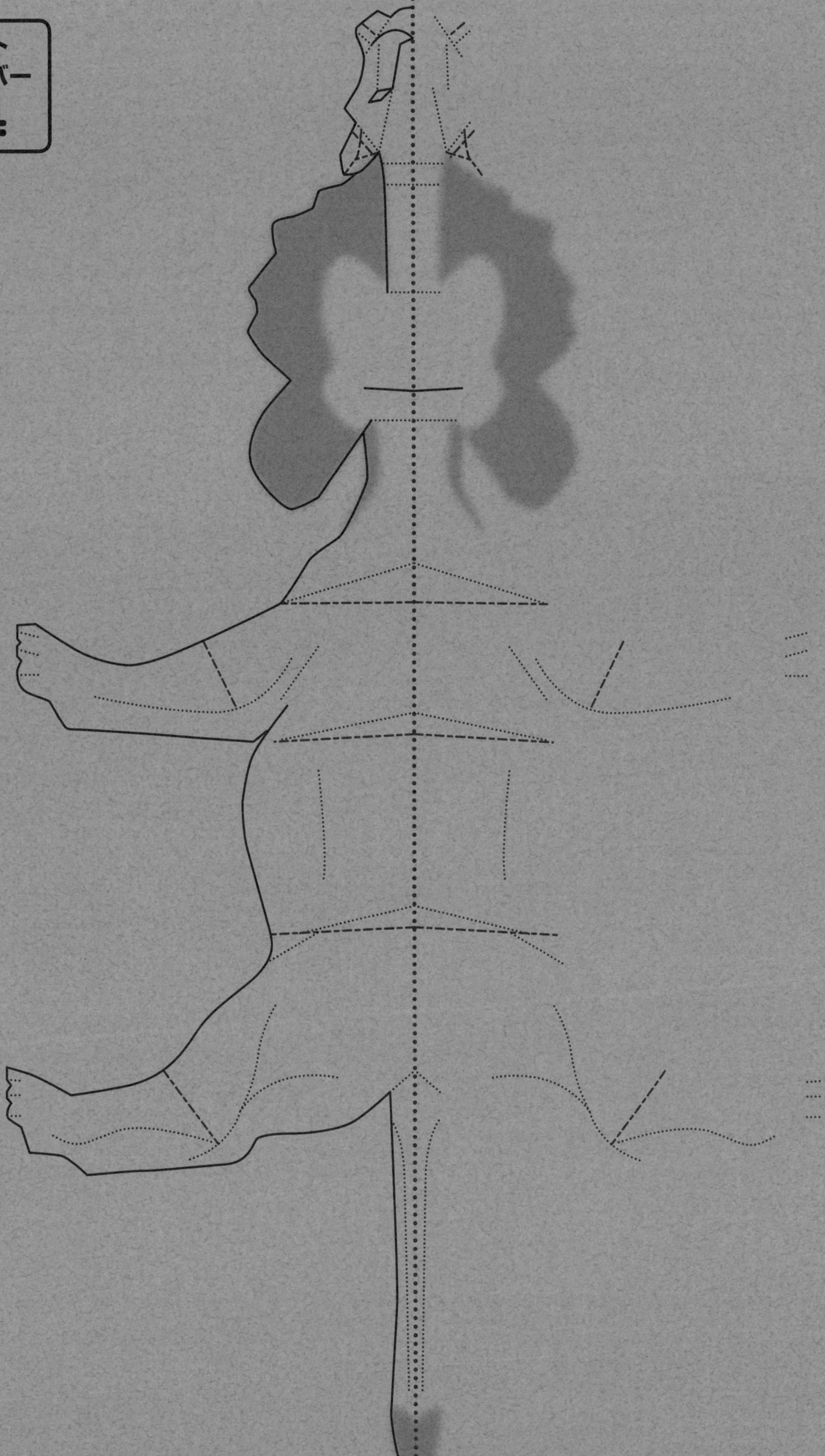

切り取り線

キット
ナンバー
**12**

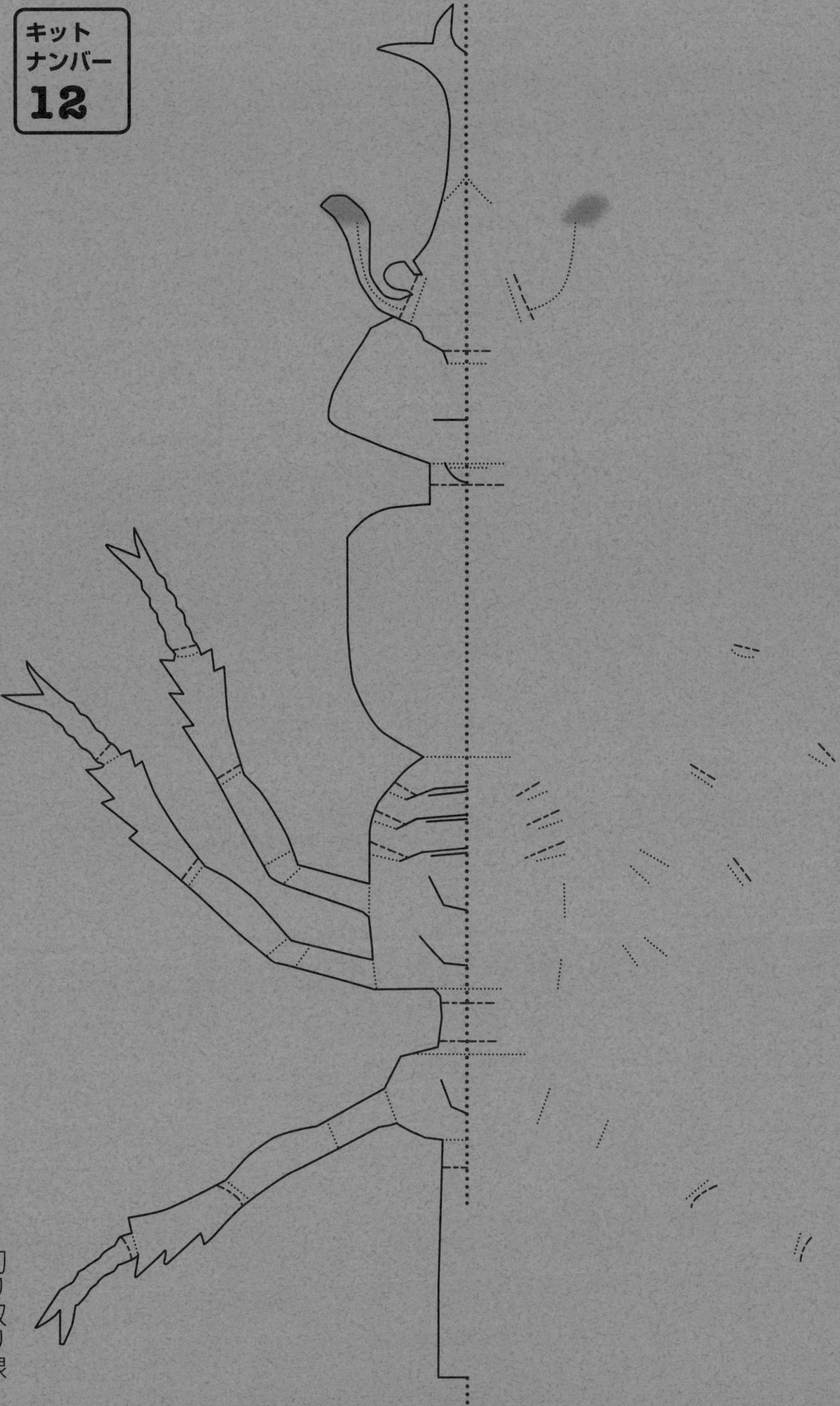

切り取り線

**キット ナンバー 13**

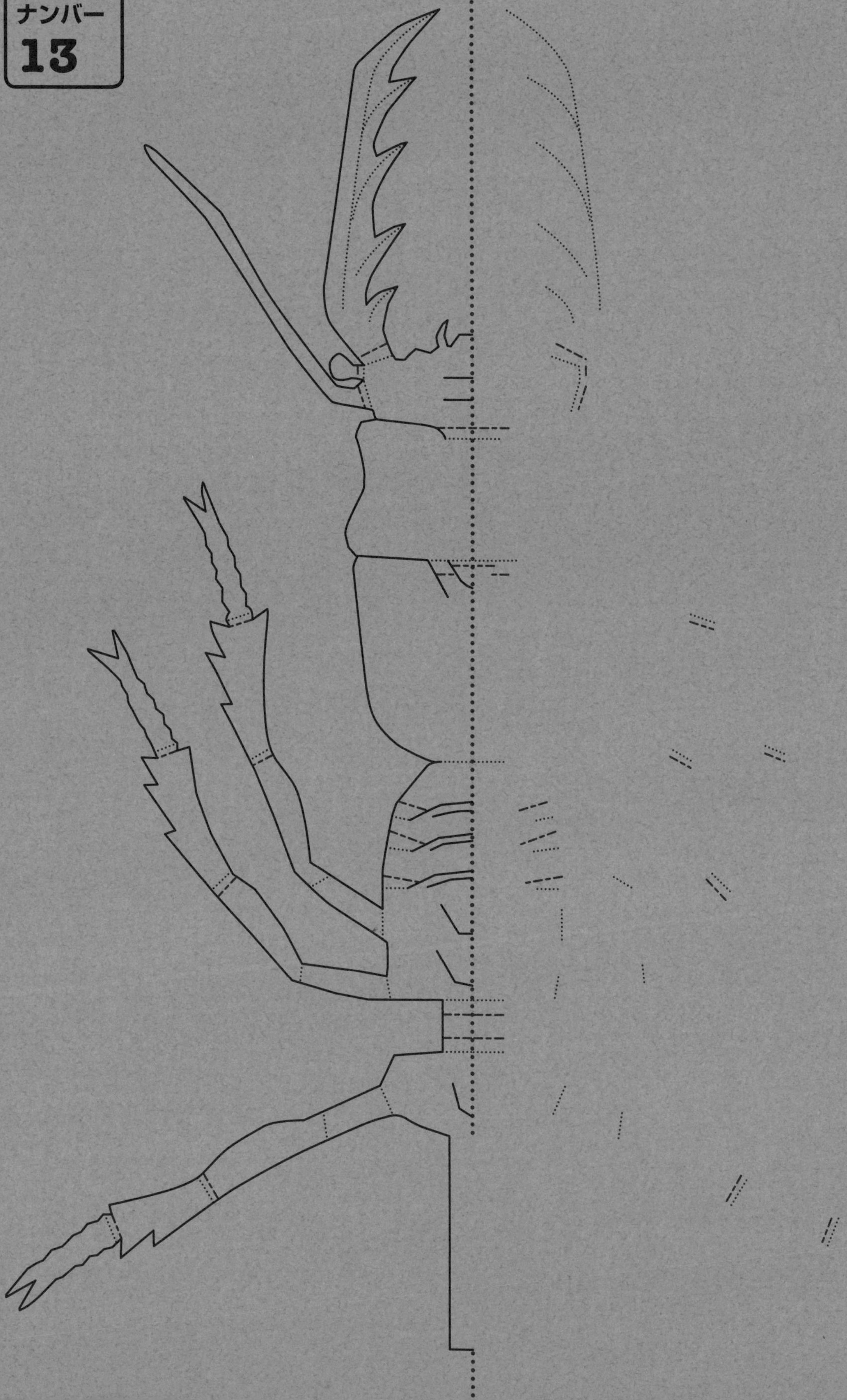

切り取り線

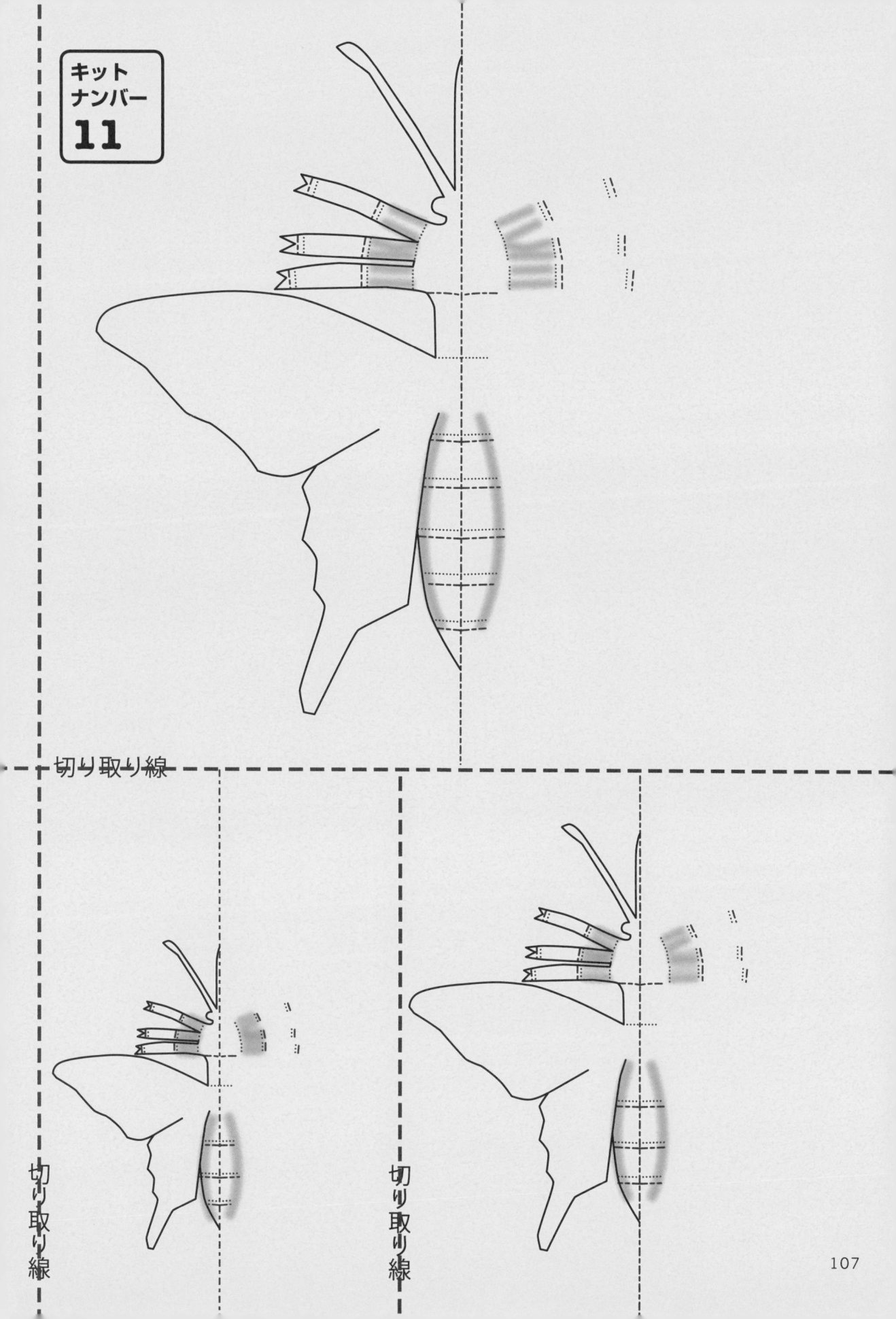

**キット ナンバー 11**

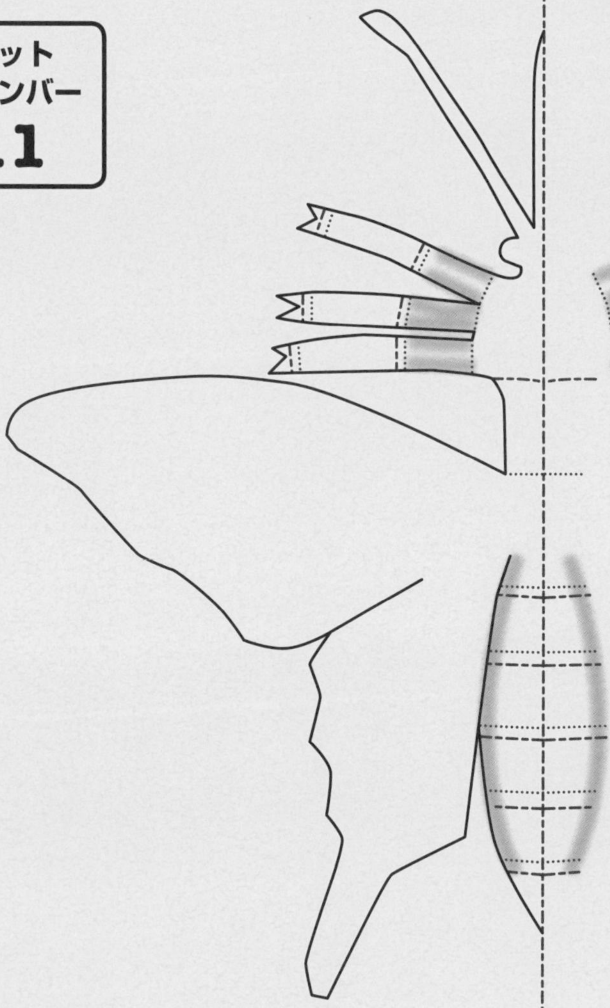

切り取り線

切り取り線

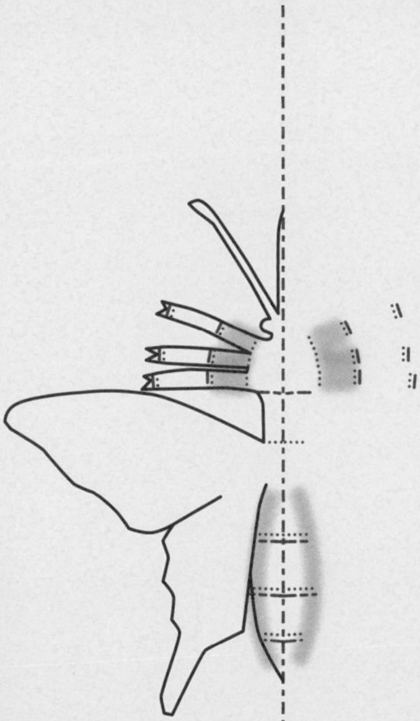

切り取り線

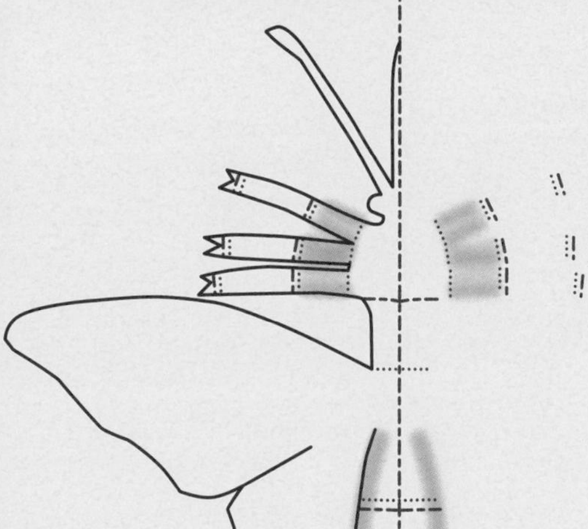

キット
ナンバー
**03**

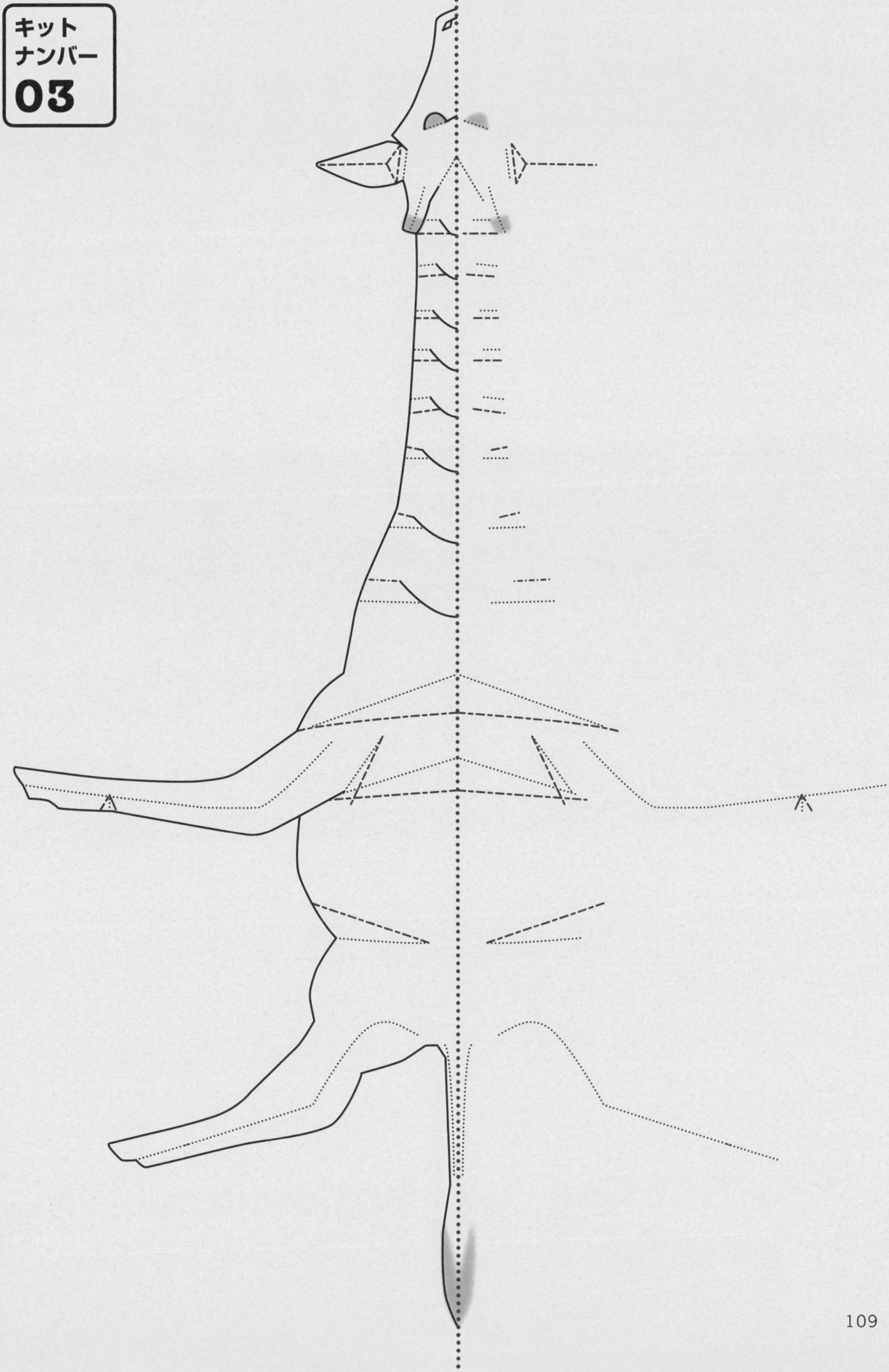

切り取り線

キット
ナンバー
**08**

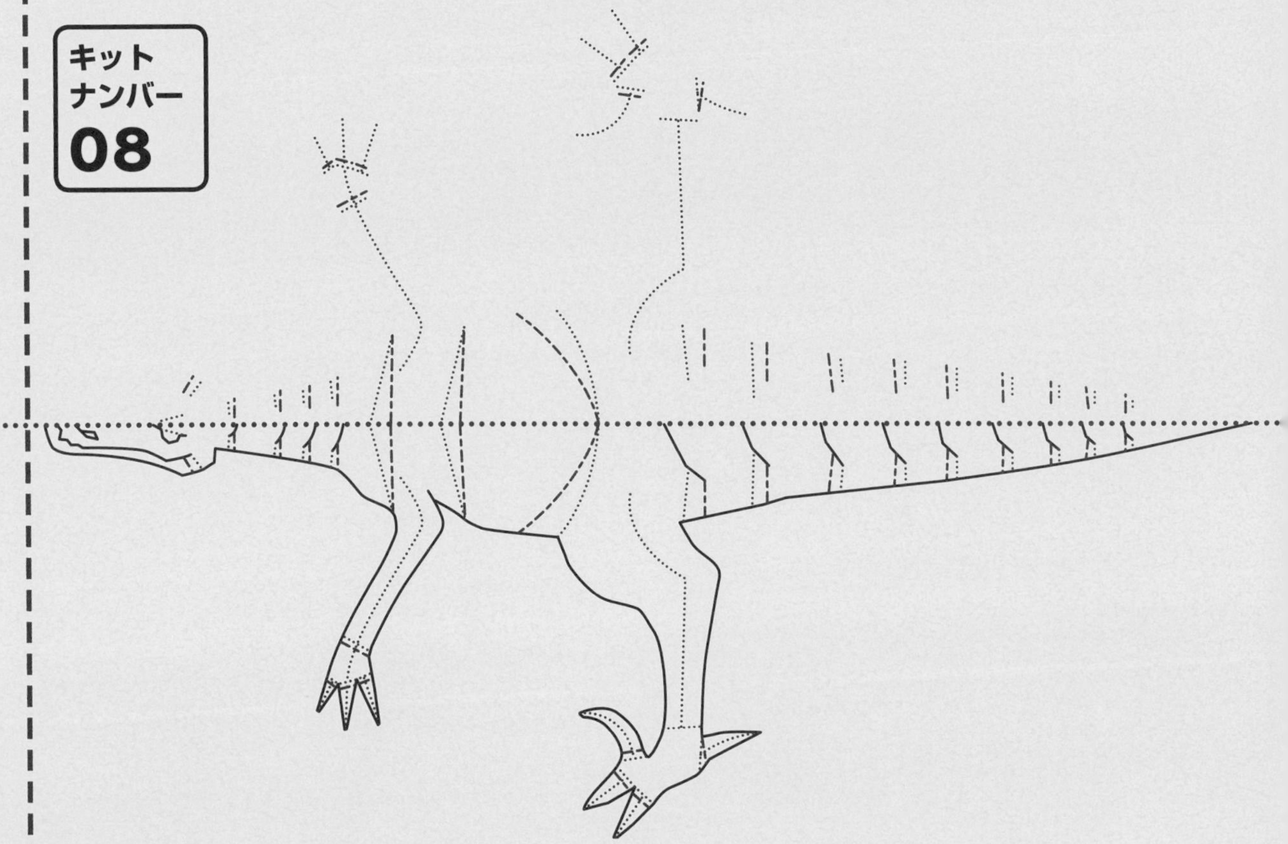

切り取り線

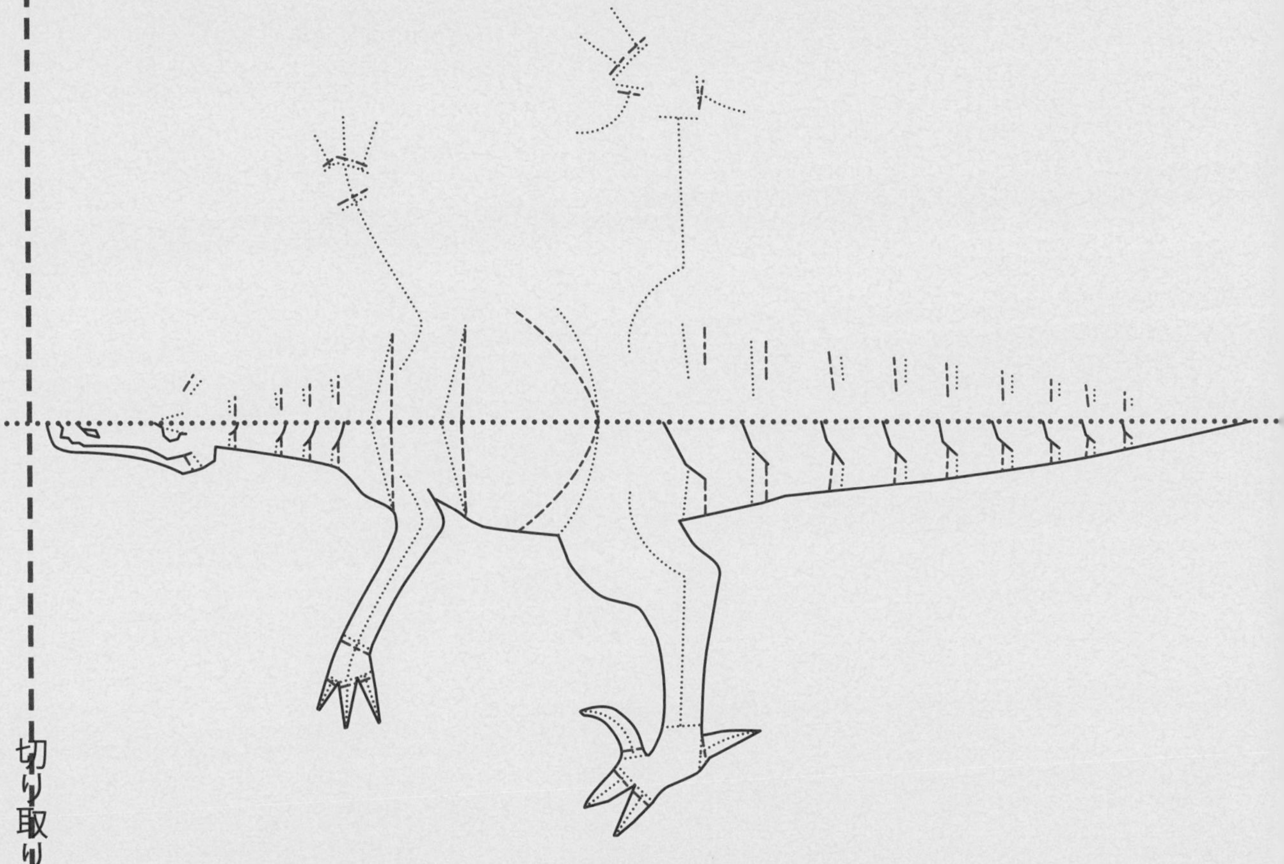

切り取り線

**キットナンバー**
**09**

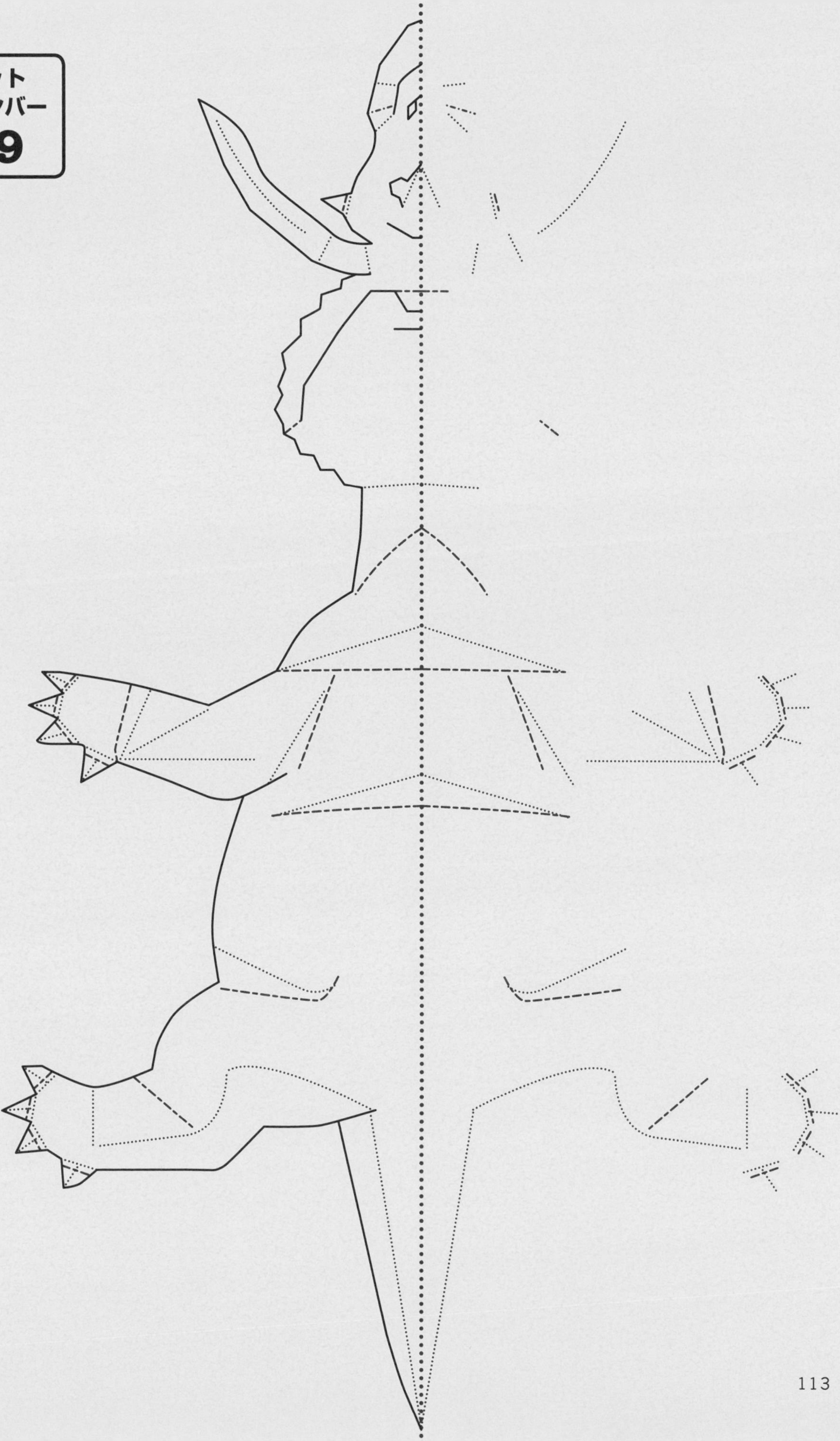

切り取り線

**キット
ナンバー
10**

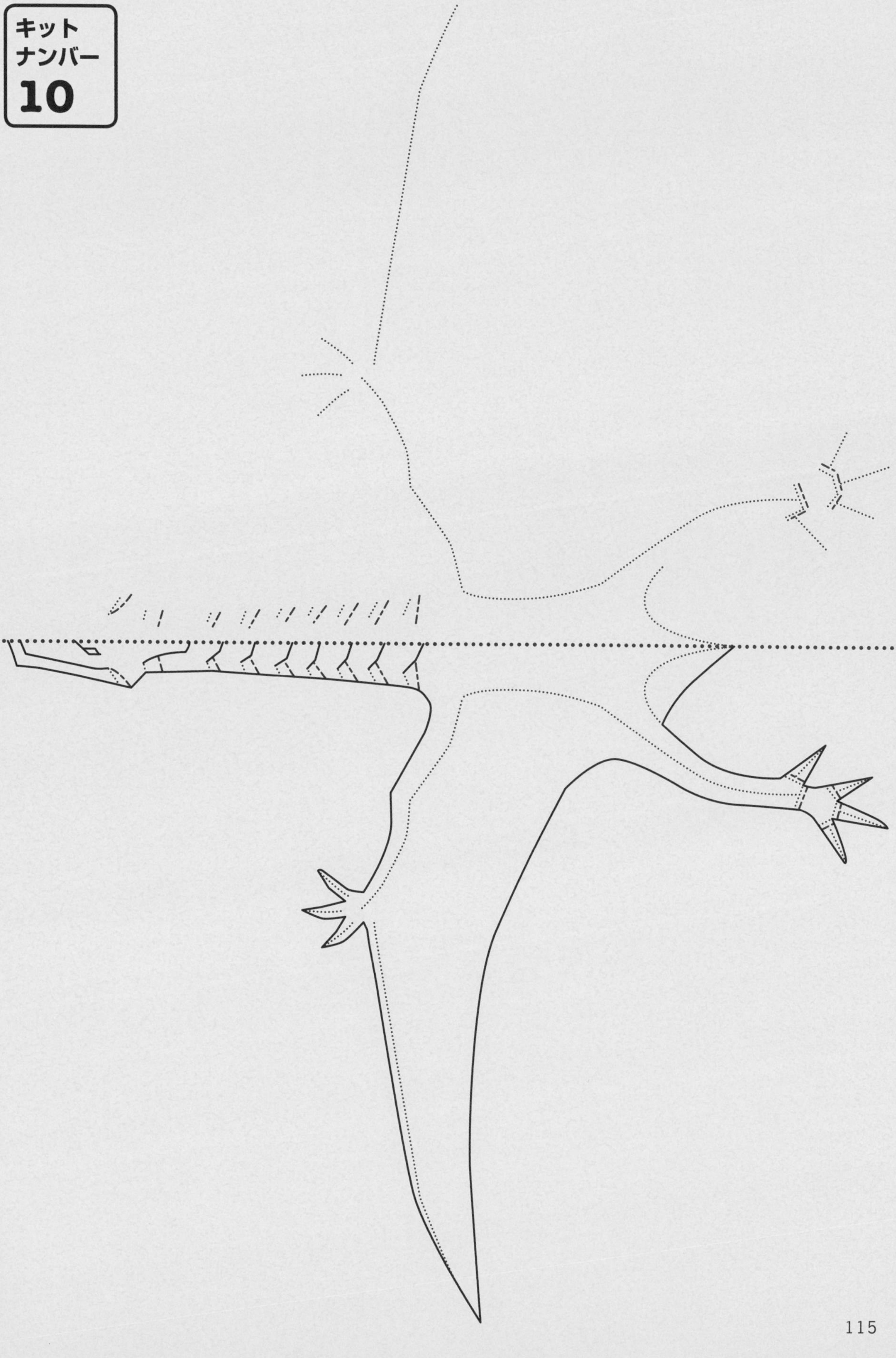

切り取り線

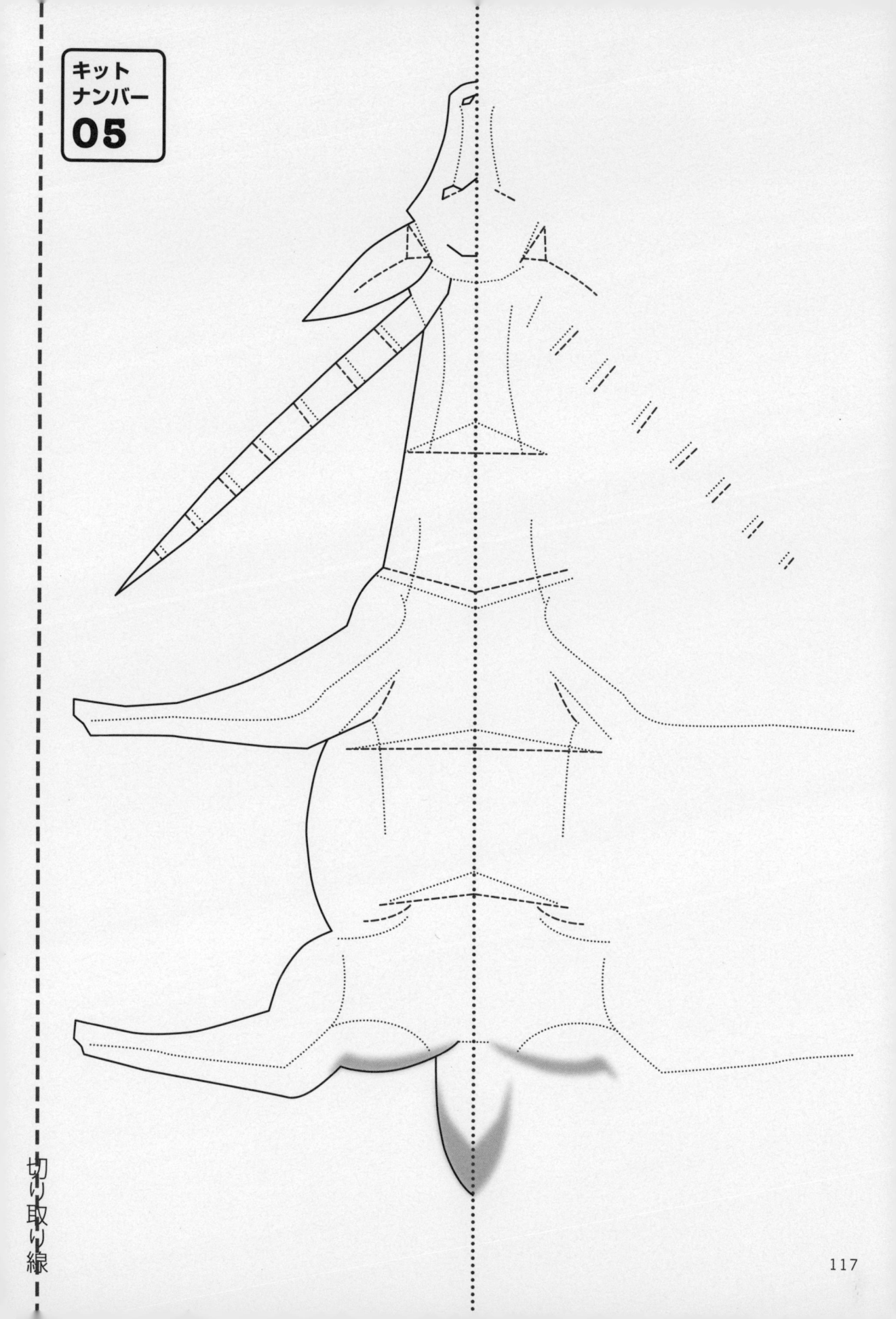

**キット**
**ナンバー**
**05**

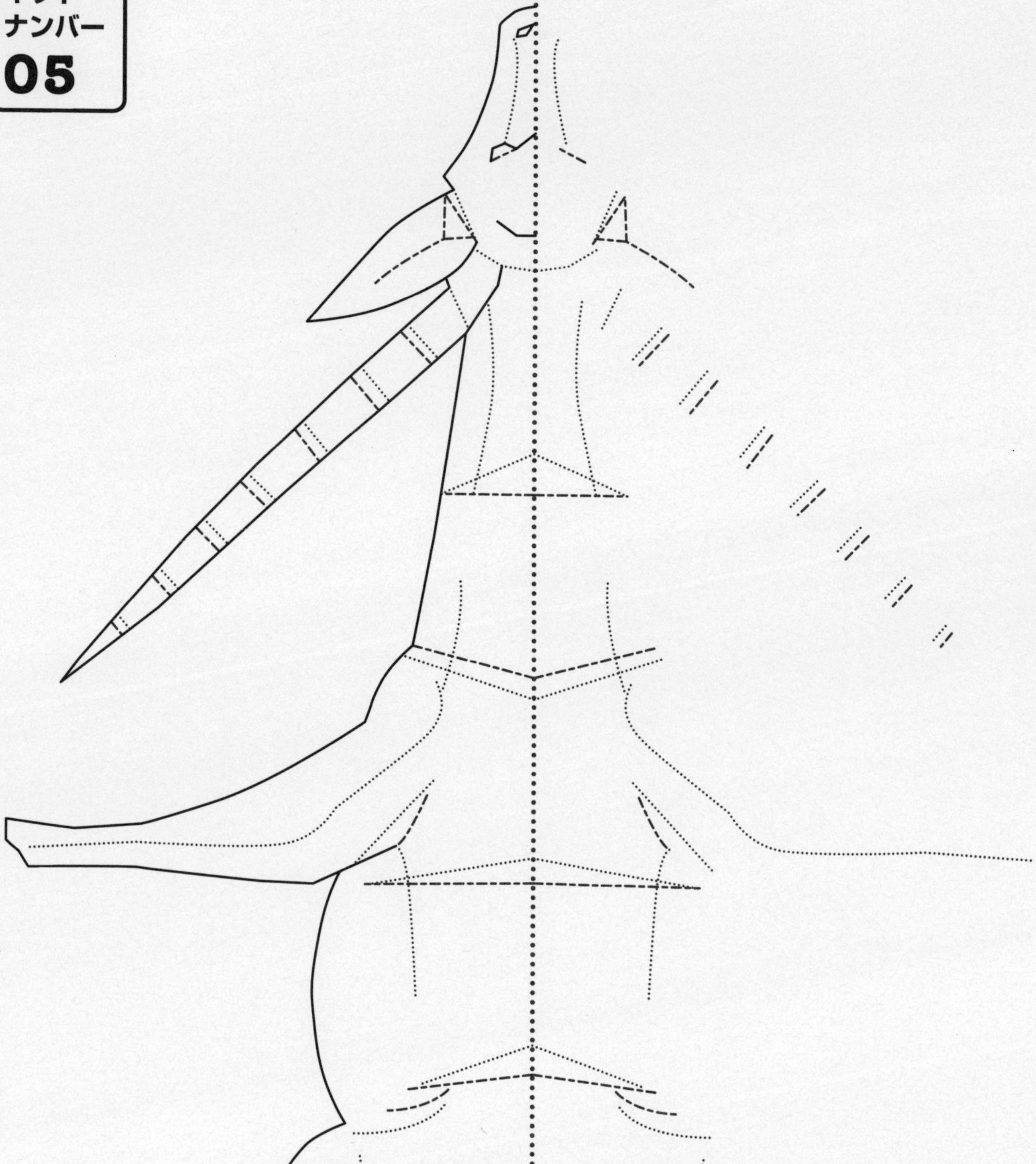

切り取り線

キット
ナンバー
06

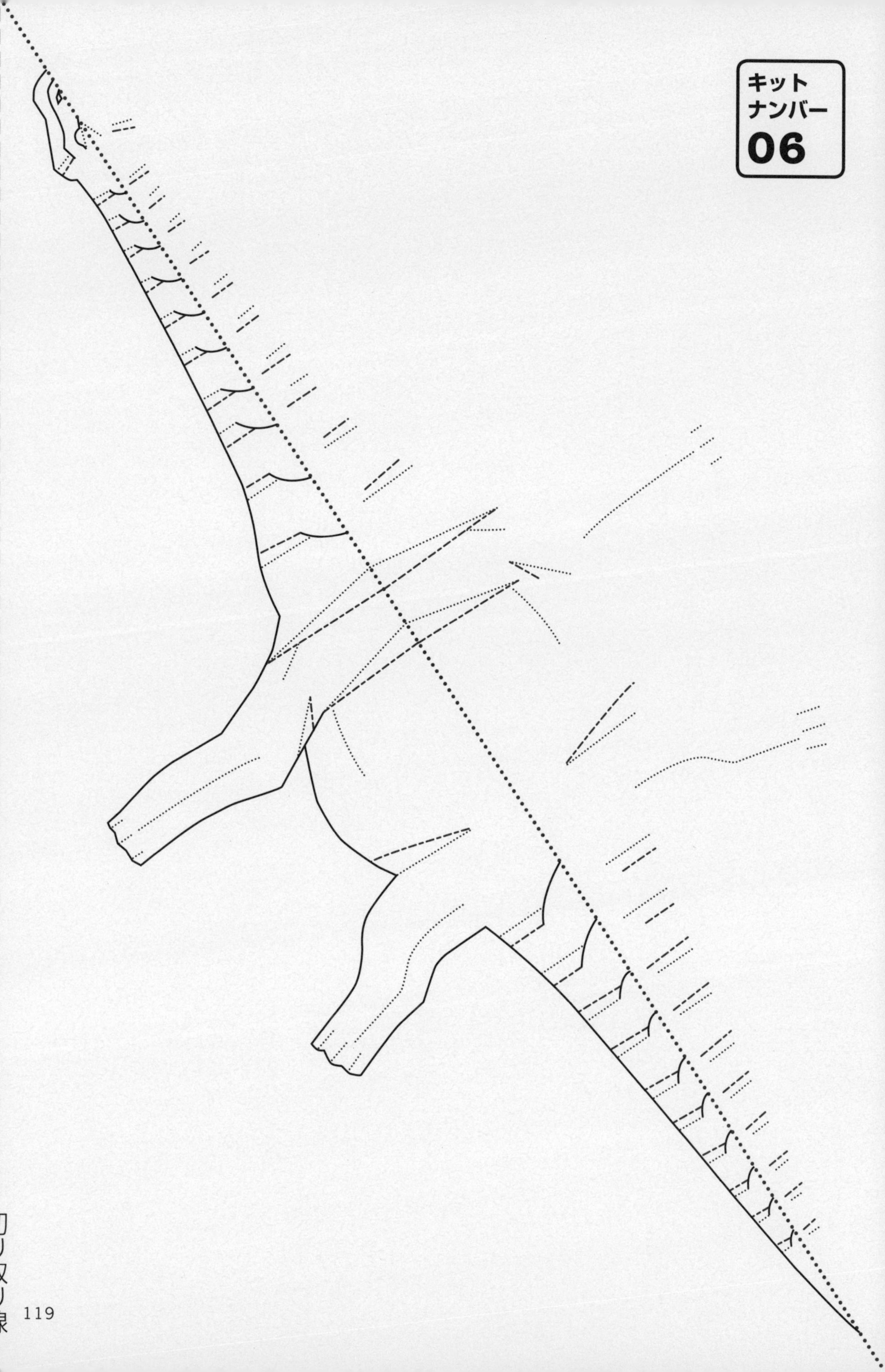

切り取り線

キット
ナンバー
**07**

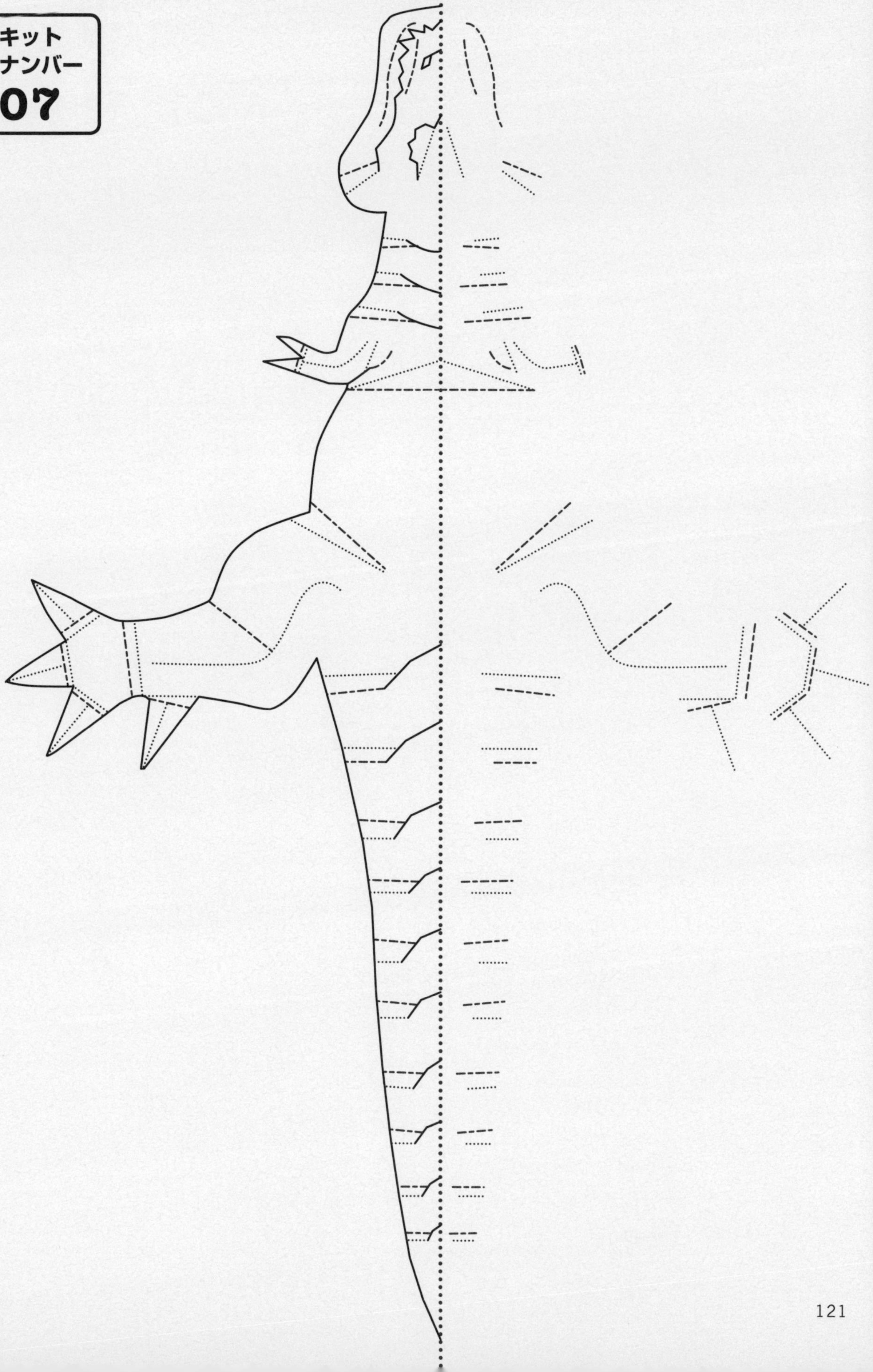

切り取り線

**キット ナンバー 14**

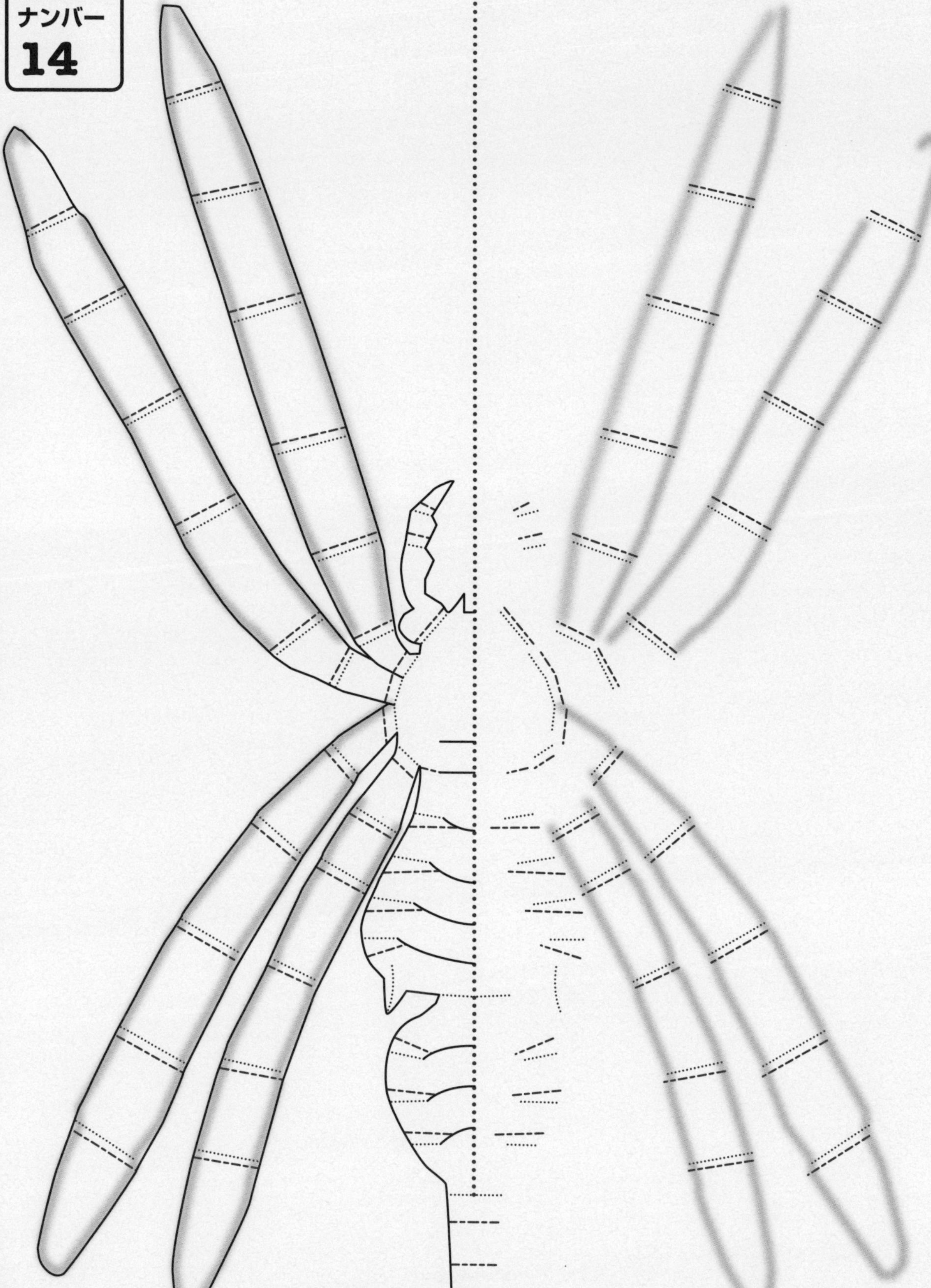

切り取り線

**キット**
**ナンバー**
**15**

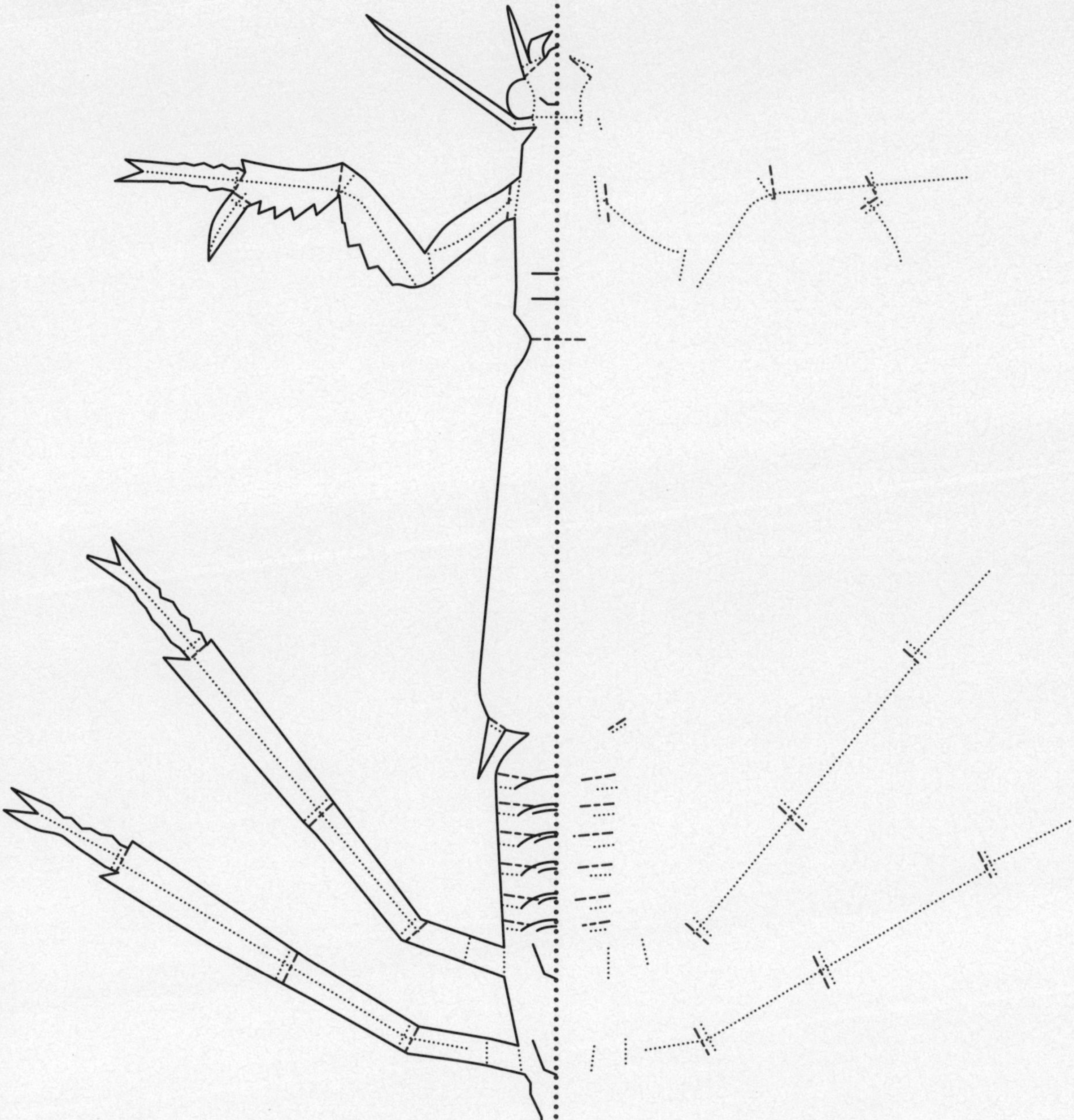

切り取り線

※収録キットの順番は用紙の都合上、キットナンバー・紹介順とは違っています。